京都の路地裏図鑑

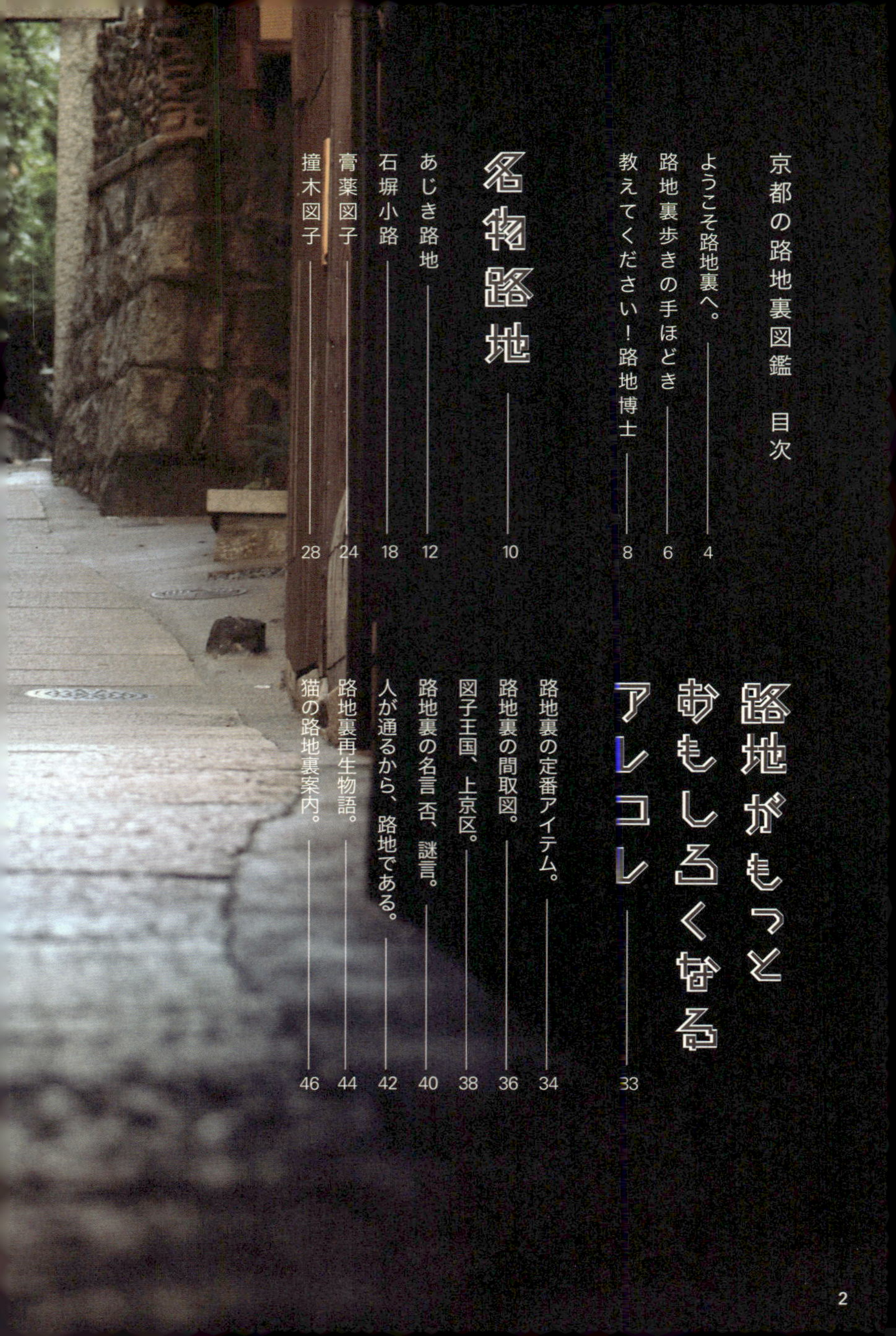

京都の路地裏図鑑　目次

本書掲載の情報は、2013年3月現在のものです。
日時の経過により、料理や料金、データなどが変更になる場合があります。

ようこそ路地裏へ。

　大通りを歩いていて、ふと足を止めてしまうことがある。路地（ろーじ）や図子（ずし）と呼ばれる、細い道に出会い、この奥に何があるのか気になってしまうのだ。もしかすると、路地の先に隠れ家的な名店があったり、豊かな路上観察が待っているかもしれない、と期待で胸がいっぱいになる。しかしながら、大通りを一歩はずれた先は私有地かもしれず、歩を進めるにはとても勇気がいる。

　わたしたち路地裏研究所は、こうした路地に対する「ためらい」を解決し、路地裏歩きを奨励する組織である。画一化する観光に異を唱え、Googleストリートビューさえ知らない世界へ分け入り、その土地に眠る路地の魅力を掘り起こすのが目的だ。

　まず、わたしたちは京都を調査対象とした。この街は毛細血管のように路地がひしめく一大路地王国であるからだ。

　誰に頼まれたわけでもなく、入口の道幅を測定し、誰が得するわけでもなく歩数を数えた。ただ、路地裏が放つ得体の知れない魅力に惹きつけられながら、歩を進めたのだ。

　こうして蓄積した知識を、本書では路地裏のお店を紹介するガイドブックとして編集した。多くの人に路地裏の魅力を知ってもらえる一冊となれば幸いである。

路地裏研究所

路地裏研究所とは?

平成25（2013）年に、路地を愛する者たちで結成された団体。略称は「RUK（Roji Ura Kenkyujyo）」、愛称は「路地ラボ」。研究所のモットーは「隠された道を解き明かす」。研究員らが毎日毎夜、地図を片手に、あっちをうろうろ、こっちをうろうろする姿が住民によって目撃されているとかいないとか。また、所長は路地を愛するあまり「寝相はかぎ型」という噂さえ立っている。とにかく、研究員らの路地に対する熱意と愛は、路地のように突き抜けている。

路地裏歩きの手ほどき

路地を極めるためには、路地に対する好奇心と愛が必要不可欠だ。今日からあなたも心の間口をくぐって、路地マスターへの一歩を踏み出そう。

1 路地に興味を抱く

思い立ったが吉日

2 店に辿り着けず挫折

しょっぱい涙が
アスファルトに染みる

3 再び挑戦する

あきらめない精神

4 コスチューム着用

歩きやすく脱ぎやすい靴
小回りの効く格好で

5 靴下にこだわる

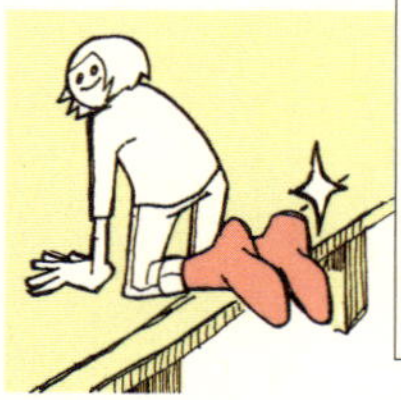

路地裏の店は座敷率高し
消臭済みが勝者

6 路地の世界を見る

切り取られた世界
そこにある美意識

7 不可侵の領域を知る

私有地にみだりに
入ってはいけませぬ

8 礼をもって接する

端に寄って会釈
路地ユーザーのたしなみ

9 猫についていく

新たな発見は
彼らが教えてくれるかも

10 迷いも楽しむ

道がわからずとも、
そこに路地はのびているのだ

11 セルフ殿堂入り

お気に入り路地を発見
そして悦にひたる

12 計測しはじめる

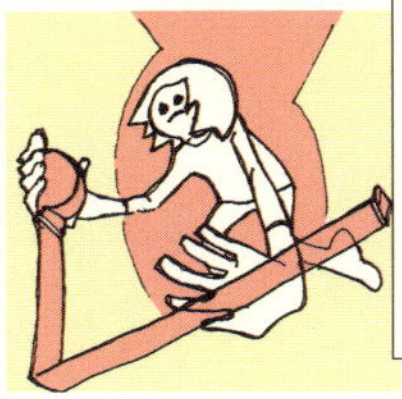

間口について語り出したら
相当のもの

13 友人を誘う

教えたくないけど
教えたい

14 路地に住み出す

理想

15 路地マスター

愛！ラブ！路地！
あなたもこれで路地マスター

教えてください！路地博士

出かける前に路地のことを少し勉強しておけば、路地裏探検がさらに楽しくなるはず。素朴な疑問から、路地の楽しみ方までを路地博士の伊東宗裕先生に聞きました。

Q1 路地の定義ってあるんですか？

路地を広辞苑で調べると「人家の間の狭い道路」と書かれています。しかし京都で「ろじ」とか「ろーじ」という場合は、狭い道路の中でもプライベートな道を指すことが多いですね。通りと通りを結ぶ狭い道路を、図子や辻子、または突き抜けということもありますが、これらに明確な区分はありません。昔の人は比較的自由に漢字を当て字として使っていましたので、図子と辻子の漢字の違いにも大きな意味はないと考えた方がいいでしょう。

Q2 路地はどうしてできるのですか？

京都の歴史を振り返ると、平安京は中国の都市計画を参考に碁盤の目状の道路を通す「条坊制」が採用されました。しかし中世になり商業などが発展してくると条坊制で区切られた区画では大きすぎて生活に不便を感じるようになってきました。広い区画で道路に面してお店を出そうとすると、区画の中央は空き地になってしまいますよね。そこでより効率的に土地を使い、生活をより便利にするために通されたのが路地なのです。

Q3
京都にはどれくらいの路地があるのですか？

貞享2（1685）年発行の『京羽二重』には47の図子が挙げられています。また宝暦12（1762）年の『京町鑑』には80、文久3（1863）年の『京羽津根』には91の図子名が載っています。現在の京都では名前が残っているものだけでも約100ヶ所の図子があります。名前のついていないものも含めると想像もつきませんが、平成23（2011）年度の京都市の調査によると、市内の都市計画区域における幅4メートル未満の道は1万2960本もあるそうです。

Q4
なぜ京都には路地が多いのですか？

Q2で少し触れましたが、元々京都の都市計画が頭の中で考えられた条坊制を採用したという点が大きいでしょうね。路地ははじめから計画されてできた道ではなく、生活のなかから生まれた道ですので、不便な条坊制で区割りされた京都の町に必然的に多数の路地ができたと思われます。京都のなかでも図子と名のつく道は、上京区と下京区に多数残っています。上京区は平安京の内裏があった場所で区割りが大きかったためだと想像できます。

Q5
博士流の路地の楽しみ方を教えてください。

路地の成り立ちや歴史をみてきましたが、私は、路地は昔の人の残した痕跡だと思っているんです。それが町のあちらこちらに露出していると考えるとおもしろいでしょ。中世と現代を繋ぐ通路ともいえるかな。昔の人はなぜここに路地をつくったのだろうかと考えると、路地の見え方が変わってきますよ。ただし、路地探検はおもしろいですけど、最初にいったように京都のろーじは私有地やプライベート空間であることも多いのでマナーだけは忘れないでくださいね。

路地博士

京都市歴史資料館
伊東 宗裕先生

1951年、福岡県生まれ。京都市歴史資料館に勤務しながら、道楽として石碑の碑文を採集し歴史の謎を解読。著書に『京の石碑ものがたり』（京都新聞出版センター）『京都石碑探偵』（光村推古書院）など。

名物路地

路地裏研究所の第一の仕事。
それは、だれでも見つけやすくて、
足を運びやすい路地を発信すること。
歴史や文化をもち、
いくつかのお店が並び、
多目的な観光を叶えてくれる路地を
わたしたちは「名物路地」と名づけた。
正味、ハズレなし。

まず、行きたい
名物路地。その1

あじき路地

ダイコクチョウドオリ

路地がひとつの家族だとしたら
大家さんはお母さんで、店子は子どもたち。
そんな例えがぴったりとあてはまるこちらの路地。
暮らしながら創作活動をする姿は
京都が誇る長さ60mのクリエイター村だ。

お地蔵さん

あじきろじ
京都市東山区大黒町通松原下ル2丁目山城町284
かたち／まっすぐ
（少しまがってる）
全長／85歩
幅／1m42cm
http://ajikiroji.com

入口からしてすでに、名物路地っぽい雰囲気をかもしだしている。期待を胸に秘めて入ってみよう。

照明作家や帽子職人などバラエティに富むクリエイター9組10人が暮らすあじき路地。住人からお母さんと慕われる大家の熊倉弘子さんが、築100年の長屋を改修し、ものづくりに携わる若い入居者を募集しはじめたのは平成16（2004）年のこと。単なるアトリエではなく、そこに暮らすことが入居の条件だった。以来、入居者を決める際には必ず直接会う「お見合い」をし、住人も含め

少しだけまがってる〜

そのままお店を目指すもよし、目線を移して、井戸などのさまざまな路地アイテムを見るもよし、思い思いに路地を楽しもう。

メゾン ド クゥ

個性的で主張がはっきりとしているフランス菓子が大好きという店主の清水さんが、一つひとつ手作りする焼菓子専門店。そのおいしさは路地のみなさんの折り紙つき。保存料や乾燥剤を一切使わないお菓子は、小さな子どもたちにも安心。プレゼント用のラッピングもお願いできる。

075-541-3927
営業時間／ 11：00 ～ 18：00
営業日／土・日曜

北1

北2

月あかり

光による空間演出を手掛ける店主の村上さんが、自ら木版刷りした和紙などを使ったオリジナル照明器具を制作販売。やさしい灯りに照らされた居間は、居心地のよい喫茶室としても利用できる。空間演出の一環として販売しているアロマキャンドルには、あじき路地をイメージした商品も。

075-204-8700
営業時間／ 11：30 ～ 19：00
（喫茶はLO18：30）
営業日／土・日曜（照明のオーダーは平日でも予約制で対応）

日曜日のパン屋さん ほか

毎週日曜日はフランス人のヴィンセントさんが焼いた香ばしいハード系のパンが並ぶその名も「日曜日のパン屋さん」が登場。土曜日はつづれ織りを扱う「織家まりきこ」、水引小物の「和工房 包結」、オリジナル染色の「高蔵染」、手作りベビーシューズの「TAPu」が週替わりで出店する。

ザ・長屋!

長屋が見えてきたのなら、そこからは、多くの職人が店を開く、クリエイター村。どのお店に入ろうか迷って、思わずウロウロしてしまう。

北3

南1

タカトモハンコ

小学生の時に先生から捺してもらうハンコが大好きだったという店主の高橋さんが作るハンコは、どこかユーモラスな和み系。「がんばろう」など先生向けのシリーズのほか、手帳などに捺したくなるハンコも多数。似顔絵入りのオリジナルハンコも2000円～オーダーできる。

075-541-4880
営業時間／ 11：00～18：00頃
営業日／土・日曜、祝日

て「家族会議」を開いて入居者を決めている。手間に思われるかもしれないが、心から応援したい〝ろーじの家族〟を選ぶ大切な手順なのである。
　そんな家族の身体を気遣い自家製ジュースを届け、誕生日にはケーキを焼いて持参する熊倉さんは、まさに路地のお母さん。皆が口をそろえて「お母さんあっての私たち」というのもうなずける。
　路地で長女格の月あかりの村上さんは「制作環境によって作品も変わってくると思います。ここだから生み出せたものも多い気がします」と話す。
　すでに何人ものアーティストがこの路地から卒業し、市内に店を構えるなど独り立ちしていった。エボシの加藤さんは「いつかは一人前になって出て行く場所だと思ってます」と話してくれた。近い将来、あじき路地がマンガのトキワ荘のように語られる日がくるかもしれない。

エボシ

　自分の頭のサイズに合う帽子がないのが悩みだったという店主の加藤さん。ほかにも同じ悩みをもつ人が多数いることを知り、立ち上げたのがこちらのカスタムメイド専門の帽子屋さん。色も豊富に200種ほどの生地がそろっており、世界にひとつだけのマイ帽子を作ってみるのはいかが。

075-708-6480
営業時間／ 12：00～19：00
営業日／土・日曜

北4

南2

blow in house

　全国的にも珍しいドライフラワーの専門店。元々ヨーロッパで1年中花を楽しめるようにと生まれたドライフラワー。「1、2年は花をきれいな状態で楽しんでもらえますよ」と店主の濱田さん。ウエディングブーケやコサージュなど好みに合わせたオーダーも受け付けてもらえる。

075-533-6356
営業時間／ 12：00～18：00
営業日／毎日（不定休）

あなたのすみれsmile

割烹着姿も愛らしい伊藤さんが主催する野菜をたっぷり使ったおばんざいの料理教室。参加しやすいように1回ごとの申込制で、半月毎にレシピを変更。毎回6品ほどのおばんざいを少人数で楽しく教えてもらえる教室は、一度体験すると虜になり遠方から通う生徒さんも多い。

電話番号　非掲載
(mail:anatano.smile@docomo.ne.jp)
営業時間／10：00～、14：00～、18：00～
営業日／火・水・木・土・日曜

プセット

店主の小川さんが生地選びから形のデザイン、縫製までを手掛けるがまぐち専門店。安心感や幸福感など、ものづくりと作品に対する色々な思いをこめた店名は、仏語でベビーカーの意味。制作に使う古い足踏みミシンが置かれたショップには小物入れや財布用途から鞄サイズまでがそろう。

http://www.poussette.net
営業時間／11：00～19：00
営業日／土・日曜、祝日

北8

北6

なんと、路地の奥には駐輪場が。しかし、ここはあえて、徒歩で周りの景色を楽しみながら、ゆったりと訪れたい。

北七軒目

三味線の製造・修理を請け負う玄人御用達の専門店。店主の野中さんは路地内で初心者向けの三味線教室を開催することも。店頭販売はしていないので、訪問の際は、あじき路地のHPから要連絡。

だるま商店

平成16（2004）年にあじき路地にて活動を開始した安西智さん、島直也さんの男性2人による絵かきユニット。寺院の襖絵から名だたるブランドの仕事まで、あじき路地から世界に向けて活躍の場を拡大中。

彼らこそ、あじき路地をつくりあげている若きクリエイターたち。前列中央の女性が大家の熊倉さん。

全員集合！

ネネノミチ

まず、行きたい
名物路地。その2

石塀小路

東山観光のメインルートにほど近いにもかかわらず、
一歩足を踏み入れれば、
別天地のような静けさがある石塀小路。
雅な歴史を感じる景観は、
意外にも大正時代が起源だとか。
そんな意外な歴史をひも解きながら、
そぞろ歩きのタイムスリップ。

いしべこうじ
京都市東山区下河原町
かたち／複合型
（かぎ型とT字型の混合）
全長／406歩
幅（東側入口）／2m57cm

ムーディー

夜の石塀小路。店の明かりに石畳が照らされ、幻想的な雰囲気。

雨風にさらされ変色した木の塀が石塀小路の風情をつくりあげている。

ねねの道から石塀小路に入ってすぐに見えてくるのが、この曲がり角。京都らしい情緒たっぷり。

おいでやす〜

八坂神社の南門からまっすぐ南へのびる下河原通と、高台寺門前のねねの道とを結ぶ石塀小路。八坂神社に一番近いトンネル路地になった入口からしばらく進むと、名前の由来は一目瞭然。背丈以上の高さまで積まれた石垣の塀が石畳の道の両脇を固めている。

この景観が生まれたのは意外にも新しく大正初期のこと。大雨が降ると高台寺の近くを流れる菊渓（きくたに）川から土砂が流れ出ることがしばしばあったため、土地を造成する際、石畳を敷き詰め、頑丈な石塀を設けたのだとか。当初は住宅も多く、戦前には画家の堂本印象が住んでいたこともあるそうだ。

戦後の映画界が華やかだった頃には、石原裕次郎や勝新太郎が定宿にした旅館があり、芸能界や歌舞伎関係者らにも馴染みの深い場所として親しまれた。

圓徳院

豊臣秀吉の妻、北政所が建立した高台寺。その塔頭寺院であり、また北政所が晩年を過ごした地とされている。伏見城の化粧御殿とその前庭が移築されているが、化粧御殿は焼失。前庭は北庭として残されており、桃山時代の風雅を伝える枯山水は国名勝指定を受けている。方丈の襖絵は長谷川等柏の筆で重要文化財。現在は復元画が展示されている。

そんな逸話とともに石塀小路の雰囲気を気に入られたなら、一度夕暮れ時に歩かれることをおすすめする。ぽつぽつと点在するお店に明かりが灯り、なんともいえない風情が生まれ、雨の日ならばより一層情緒が増す。

現在では国の伝統的建造物群保存地区に指定され、厳しい建築規制が敷かれている石塀小路だが、店同士で自主的に看板に規制を設けるなど風情を守る努力があることも覚えておきたい。

T字路！

まがり角を抜けると、この路地の名前の由来にもなった石垣の塀がお出迎え。

豆ちゃ

明治期の民家を改装した和食料理屋。1階には坪庭の見える掘りごたつのカウンター、2階には個室と窓から五重塔が望める座敷席がある。料理は旬の京野菜を使ったおばんざいが中心。高級店が軒を連ねる石塀小路にあってカジュアルに利用できることから若いカップルにも人気。

京都市東山区下河原町463
075-532-2788
営業時間／17：00～23：30
定休／無休

石塀小路の名物、赤レンガの壁。圓徳院の外壁で、色の落ち方が年季を感じさせてくれる。

さらにT字路！

石塀小路のもうひとつの出口と、さらに奥へ進む道につながるT字路。ここから奥に行けば、赤レンガの壁が見えてくる。

シモガワラドオリ

紅蝙蝠

築80年の一軒家を、妖艶な作風で知られる画家の金子國義氏が割烹カフェとしてプロデュース。有名料理店出身の料理長が腕を振るう本格的な京料理やスイーツを気取らずリーズナブルに楽しめる。写真の鯛そぼろご飯のお膳は1100円。店内では金子画伯のデザインした手ぬぐいなどの販売も行っている。

京都市東山区下河原町463-8
075-533-6688
営業時間／12：□～20：30
定休／火曜

お静かに

しぇりークラブ

重厚な白壁の土蔵が目を引くシェリー酒の専門店。店内はケヤキの1枚板のカウンターが存在感を放ち大人な雰囲気。シェリー酒は常時約70種がそろい、初心者や違いを楽しみたい人には3種お試しセット2415円がオススメ。シェリー酒に合う京都の食材を取り入れたスペイン料理も充実。

京都市東山区下河原町489-2
075-525-2201
営業時間／17：00～23：30
（日曜15：00～22：30）
定休／月曜、第一火曜

ぼくを目印に

観光名所にあって、自動車の通行ができないことから、観光客のよき抜け道兼、観光スポットとなっている石塀小路。付近にきたのならぜひとも立ち寄っておきたい。

まず、行きたい
名物路地。その3

膏薬図子

人に歴史があるように、路地に歴史あり。
何気なく歩いている路地にも名前やいわれがあるのが京都。
江戸時代のガイドブックにも載っていた歴史物語とともに
現代に生きる町衆の心意気を感じながらの散策を。

四条通から綾小路通まで渡っているので、地元の人にとっては、格好の抜け道となっている。

こうやくのずし
京都市下京区新釜座町
かたち／かぎ型
全長／233歩
（にいさんさんぽと覚えよう）
幅（北側入口）／2m37cm

オフィス街に近い四条通から一筋南の綾小路通までをカギ型に突き抜ける膏薬図子。北側の入口脇には祇園祭の郭巨山町会所があり、南側の入口脇には宵山の際に伯牙山のお飾り所となる杉本家住宅（重要文化財）が控えている。

図子の歴史は古く、江戸中期にはすでに膏薬図子の名で呼ばれていたようだ。名前は、空也上人がこの図子で道場を建て念仏修行をはじめたことに由来する。また、この地は天明7（1787）年刊行の『拾遺都名所図会』には、天慶の乱で討たれた平将門の首が晒された場所と紹介されている。この将門の霊を供養するため、空也上人が道場の一角に塚を建てたことから「空也供養の道場」と呼ばれるようになり、いつの間にか「くうや」が「こうやく」と訛って図子の名前になったのだとか。現在でも図子の中ほどには平将門を祭神と

さらにまがれ〜

酒呑処 ななみ

出格子に長暖簾の店構えは敷居が高く見えるかもしれないが、一歩入ればジャズが流れるアットホームなおばんざい居酒屋。栄養士をしていたという店主手作りの料理は、野菜のおいしさを再発見できる。メインのほかにおばんざい3種を選べるお得なランチは近所のOLさんたちにも人気。

京都市下京区釜座通四条下ル新釜座町735-2
075-352-9777
営業時間／11：30〜14：00（L.O.13：30）、17：00〜22：00（L.O.21：30）
不定休

竹中木版
竹笹堂

まがれ〜

膏薬図子は京都の、昔ながらの家が多数残る路地でもあり、生活している人も多い。

ほこらもある

膏薬図子にある祠。この辺りは、平将門の首が晒された場所とされ、ここから江戸まで、その首が飛んで行ったといわれる。

する神田明神が祀られている。
　歴史ある図子も最近では住宅以外のお店が増えてきている。そこで膏薬図子の家々で構成される新釜座町では、昔からの住人と新しくお店を開いたオーナーらが協力し、暮らし方のルールを「膏薬図子式目」として定めた。膏薬図子にお店を構える「竹笹堂」の竹中健司さんはこう話す。「図子は京都の街なみのなかで、自然に存在するものなんです。しかし、住民の人々との協和を守らないと、それはとたんに不自然なものになってしまう。難しいことを言っているようですが、みんな当たり前のことをしているだけなんです」。
　祇園祭の宵山には図子を行灯でライトアップをしたり、京都市を動かし図子を石畳風の舗装にするなど、新しい取り組みもはじまっている。自治の精神と歴史を受け継ごうとする心意気は、祇園祭を支えてきた町衆の心意気に通じるかのようだ。

アヤノコウジドオリ

もうちょっと

綾小路通から見た膏薬図子。思わず見過ごしてしまいそうになるので、目を配りながら歩いてほしい。

もちろん自転車で往来する人も多いので、注意しておこう。

竹笹堂

　明治初期に建てられたという町家の店舗。中に入ってみると、そこには色とりどりの木版画が並んでいる。そのどれもが、一枚一枚、心を込められて摺られた逸品ばかり。ポチ袋からブックカバーやしおり、マカロンペーパーまで、充実の品ぞろえで、目移りしてしまうことは必至。おみやげはもちろん、自分用にも手に入れておきたい品ばかりだ。

京都市下京区綾小路通西洞院東入新釜座町737
075-353-8585
営業時間／ 13：00～18：00
定休／日曜、祝日

ビルやマンションに囲まれ、町家が密集する膏薬図子は、都会に生まれたエアポケットのようだ。

上から望む

まず、行きたい名物路地。その4

撞木図子

路地のもつ、人を惹きつける引力を感じたければ、この図子に行くのが手っ取り早い。今やお店が立ち並び一大飲食街となった撞木図子。通えば通うほどその引力に逆らえなくなるので要注意！

しゅもくのずし
京都市中京区観音堂町
かたち／T字型
全長／273歩
幅（南側入口）／1m74cm
（和田アキ子の身長と同じ）

四条烏丸のオフィス街から少し入るだけで、飲食店が立ち並び、街の表情がガラリと変わる撞木図子。店のラインナップは、イタリアンにうどん、飲茶、ホルモン、居酒屋と選り取りみどり。通称ビストロ小路と呼ばれるほどで、店に困ったときの切り札的存在が撞木図子なのである。

名前の由来は、図子の形がT字型をしており、仏具の鉦を叩くときに使う撞木の形に似ていることから。江戸中期の絵図などにも「しもくのつし」などの表記が見られることから、歴史はざっと300年は下らない。

とはいえ現在のような飲食店街になったのはここ10年ほどのこと。開店20周年を迎えた太郎屋の女将さんによれば「開店当初、居酒屋はうちぐらい。静かなもんでしたよ」とのこと。その後「パリの食堂」というビストロが大当たりし、吸い寄せられるように飲食店が次々とできてき

つぐ

撞木図子からさらに奥まったところにエントランスがあるというまさに隠れ家の雰囲気を持つ一軒。素材を活かすための仕込みに手を抜かないのが、有名料亭などで修行した店主のこだわり。常に数種類が並ぶあんかけのメニューと季節の釜飯は、思い出すだけでまた訪れたくなる。

京都市中京区新町通四条上ル東入観音堂町468
075-231-8979
営業時間／17:30～翌1:00（L.O.24:00）
不定休

ニシキコウジドオリ

撞木図子への入口のひとつ、錦小路通から。ここまで来れば、四条通の喧噪も届かない。

いらっしゃーい

シジョウドオリ

四条通から見た撞木図子の入口。この路地は四条烏丸周辺に勤めるOLやサラリーマンにとって憩いのスポットだ。

たそうだ。パリの食堂は発展的に閉店されたものの、通称ビストロ小路にその歴史を刻んでいるという訳だ。
　撞木図子について、すがりの山田英太郎さんは「都会の路地裏に町家が残っているのがとても貴重。京都の魅力として発信できたらうれしい」と話された。オーナー自らが店に立つ飲食店が多いのも撞木図子の特徴のひとつ。さて次はどの店に行きましょうか。

太郎屋

「サラリーマンが自腹で安心して立ち寄れる店を」と開店してから20年。母娘を中心に切り盛りされる店のカウンターには、大皿に盛られたお惣菜がズラリと並び目移りするほど。地のものを使い、季節感を大切にする家庭の味は、いつ来てもホッとできると足繁く通う常連さんも多い。

京都市中京区四条新町上ル東入観音堂町473
075-213-3987
営業時間／17：00～23：00（L.O.22：00）
定休／日曜、祝日

夜はまだまだ
これから！

和醸良麺 すがり

　町家の格子戸を開け、細い通路を進むと中庭の先に店があるという秘密基地を探検するようなロケーションにあるつけ麺店。看板メニューは炙った新鮮なホソ（小腸）がスープに独特の甘さを加える「もつつけめん」。麺は独特の食感が楽しめる全粒粉の麺と香りのよい柚子麺が選べる。

京都市中京区新町通四条上ル東入観音堂町471-1
075-205-1185
営業時間／11：30～15：00（L.O.14：50）、18：00～22：00（L.O.21：50）（土・日、祝日～21：00（L.O.20：50））
定休／年末年始

今日もまたひとり、またひとり
と、惹きつけられるように撞木
図子へと入っていく。

清酒
菊正宗
金剛
通り
カレー

路地がもっとおもしろくなるアレコレ

路地に出会うと、いろんな発見がある。
路地自身が歴史を語り出すこともあれば、
わたしたちが路地の価値を
新たに発掘することもある。
ときには真面目に向き合い、
ときにはジョークを交えてみたり、
あらゆる角度から路地にアプローチした。

井戸・ポンプ

ポンプ式の古井戸なんて、街中ではそうそうお目にかかれない。これを機会に「井戸端会議」に興じてみては？

看板

通路に関する注意を呼びかける看板。なかには「通りぬけできまへん」などの個性的なものも。

路地裏の定番アイテム。

そこかしこに
京都の暮らしぶり。

お地蔵さん

道祖神信仰と結びつき、路傍に点在する。毎年8月24日頃に路地裏最大のイベント「地蔵盆」が行われる。

植木鉢

薄暗くなりがちな路地をあざやかに彩るアイテム。植えられている植物の種類はもちろん、器にも注目。

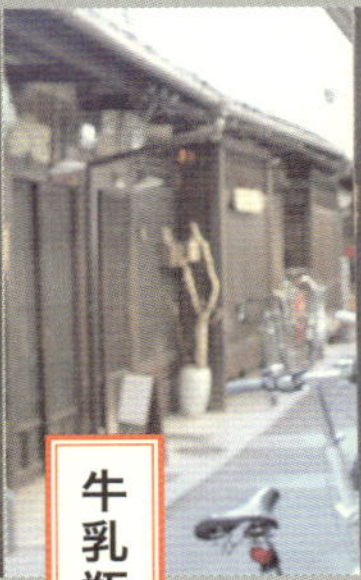

仁丹

森下仁丹が明治43（1910）年から全国の都市に設置したのが、この町名看板。京都には約800枚現存。

牛乳瓶入れ

見るものを一気にレトロな気分にさせてくれるのが、こちらのアイテム。メーカーによっても違いがある。

路地裏にはさまざまな定番アイテムが存在する。なかでも路地を見守る「お地蔵さん」、「植木鉢」や「牛乳瓶入れ」などはよく見かける。

良質な地下水をもつ京都では路地の住人で共有する「井戸」や「ポンプ」もある。また、町家などの木造建築が密集するため、「防火バケツ」や「消火器入れ」との遭遇率も非常に高い。

路上観察の醍醐味といえる、「看板」にも注目したい。路地の奥にお店があることを主張する「誘いの看板」もあれば、通り抜けできないことを通行者に「訴える看板」、あるいはあからさまに侵入者を「拒む看板」まで、創意工夫を凝らしたものが多く、見るものを飽きさせない。

そして、これらの路地裏アイテムは、路地という場所がプライベートな空間であると同時に、パブリックな場所であることを表している。そんな矛盾をはらんだ空間だからこそ、わたしたちは路地をのぞき見したくなるのかもしれない。

自転車

住民たちの大切な足。車も、場合によれば小型バイクさえも入れない狭さの路地では、重宝される。

防火グッズ

長屋や住宅が密集している路地裏では火災は一番の大敵。防火バケツや消火器入れはマストアイテムだ。

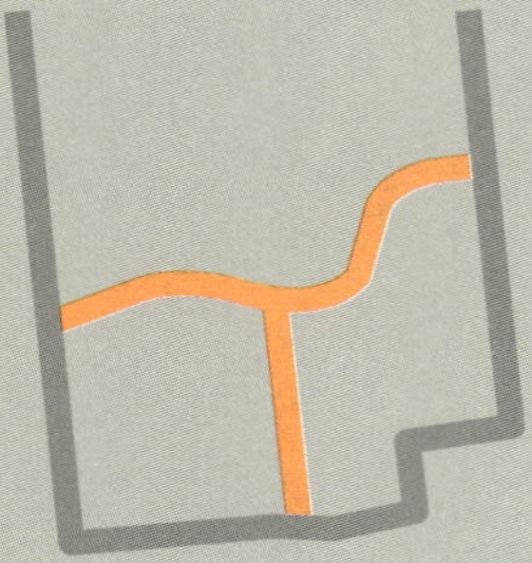

リクライニングシート（右京区）

二択のあみだくじ（右京区）

路地裏の間取図。

思わず命名したくなる
一目でハマる変な路地。

下向きの日本経済（中京区）

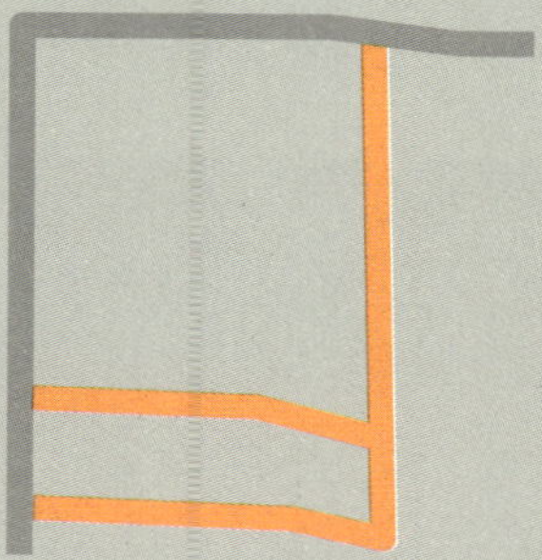

11番アイアン（中京区）

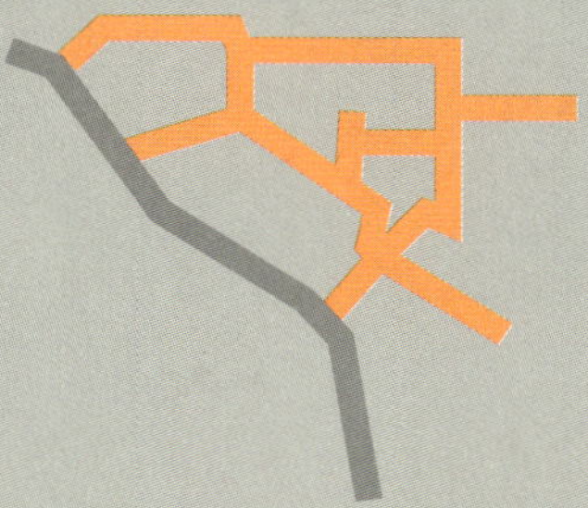

壁画（北区）

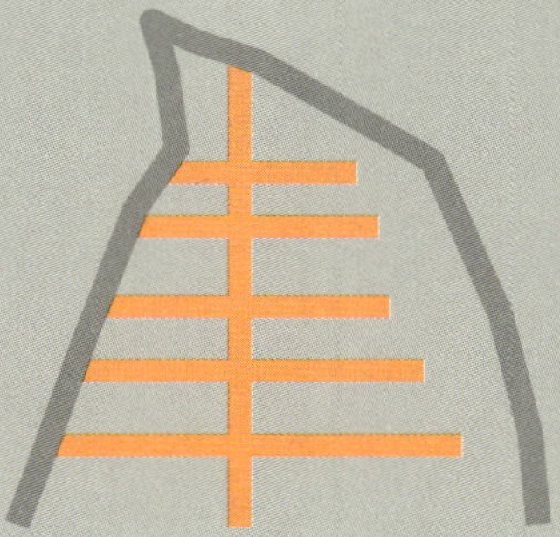

人口割合のグラフ（左京区）

京都には路地が多い。幅4メートル未満の道が、京都市内だけでも1万本以上もあるといわれる。また、その種類も実にさまざま。長いものから短いもの、直線だったり曲線だったり、行き止まりのものもあるかと思えば突き抜けているものもあったり……。じゃあ、なかにはユニークなかたちの路地もあるんじゃないだろうか。そう思って探してみると出るわ出るわ、少し探すだけで、都市計画を疑うようなかたちの路地が、山ほど出てくる。ここでは、厳選した8本の路地を鳥瞰図で紹介しよう。すべて実在する路地である。見ているだけじゃあきたらないという人は、自分の目で、ユニークな路地を見つけて、ピッタリなキャッチコピーを考えてみるのもいいだろうし、実際に歩いて肌でその形状を感じるのもいいだろう。楽しみ方は、路地の数だけ存在するのだ。

紐がちぎれた鯉のぼり（上京区）

すれちがいの日々（中京区）

図子王国、上京区。

図子を知れば町がわかる。名前に宿る歴史物語。

驚くことに、京都市内の図子の半数が上京区に集中している。数だけではない。道路名や町名として図子の名前を宿すところが多く、風呂図子、狼図子、地獄図子などユニークな名前のついた図子がひしめくのだ。いわれには諸説あるが、由来が残る図子をいくつか紹介しよう。

現在「革堂（こうどう）図子」と呼ばれる場所には、行願寺があった。開祖の行円上人は元猟師で、かつてシカを殺生したことを悔い、仏門に入ってからは寒暑を問わずいつもシカ革の衣を着ていたという。人々から革聖と呼ばれ、お寺も革堂と親しまれるようになったことが図子の由来となっている。

また、そのすぐ近くにある「だいうすの図子」は、この地にキリシタンの居住地があり、デウス（神）が訛ったものといわれている。

御所の東には「白梅図子」がある。かつて花街があり、白梅という美しい遊女が由来とも、あるいは客が虱（しらみ）をもらってくるので「虱の図子」が訛ったともいわれる。

また、織物産業の街である西陣らしい名称をもつのが「紋屋（もんや）図子」だ。紋屋とは宮中に織物を納める御寮織物司のこと。時の紋屋であった井関宗鱗が、袋小路だった通りを人々の利便性のために開通させ、その功を讃えて「紋屋」を通りの名に冠するようになったそうだ。

現在、紋屋図子の北側には「三上家路地」がある。かつて6軒あった御寮織物司のなかで、三上家は今もこの地で織物を営む唯一のお宅。その路地には長家が並び、写真家や陶芸家が店子として住んでいる。時代とともに形は変わりつつあるが、ものづくりの魂は今なお宿っているのだろう。

路地の入口には「三上」の表札がかかっているので、見つけやすい。地面には石畳がしかれ、道の両側に建ち並ぶ長屋とともに風情をかもしだしている。

ドラート

三上家路地の中にあるこちらのお店。入口をくぐると、ガラス瓶の中で輝くイエローや琥珀色のリキッドが、来訪者を歓迎してくれる。その輝きの正体は蜂蜜。人気の高いカナダ産クローバーのものや、桜、蕎麦といったものまで、約50種類の蜂蜜がずらりと並ぶ。どれもが試食可能なので、迷ったときは気軽に店員さんに声をかけてみよう。

京都市上京区大宮通五辻上ル西入紋屋町323
075-411-5101
営業時間／13:00～18:00
定休／木曜

路地裏の名言、否、謎言。

ろーじに生きる人の言葉
ろーじを想う人の言葉。

破滅の石畳は唐突にあった。足を踏み入れた瞬間、ひやっ、とした。しかしすぐに、なんだこんなもの。ただの道じゃないか。そう、自分に言い聞かせてずかずか路地に入っていった。それから十年、特に破滅することもなく、アホーな文章を書いてその日を暮らしている。そして、いま思うのは、もしかしたら自分はあれからずっと、長い長い、破滅の石畳を歩いているのではないか、ということ。そしてその石畳はこれからもずっと続くのではないかということ。

―『破滅の石だたみ』（角川春樹事務所）より

町田 康（作家・詩人・ミュージシャン）

まあ路地が毛細血管だとすると、鉄道やハイウェイなんかは、動脈だね。人間は、いったん動脈に乗っちゃうと、物流のブツになるんだよ。会社での月給というのは、モノの値段なんだ。

―『花の町』より

田村隆一（詩人）

いろんな街の路地裏には、さまざまな人生の味気がしみこんでいる。

手塚治虫（マンガ家）

路地裏に店を構えたのは、店に来るまでの過程も楽しんでほしかったから。

曽根章宏（美齢 店主）

道楽みたいなもんやから、路地奥でちょうどええんですわ。

藤井久居（鰻料理 かね正 店主）

路地裏には隠された魅力があります。それを知った人が路地裏を訪れる。だから客も、店をやろうって人も絶えることはありません。

杉本雪枝（太郎屋 女将）

路地というのは、表通りという現実から非現実へアプローチするための場所なんです。

藤本貴士（京料理 藤本 店主）

スマホを片手に歩くのはもったいない。

伊東宗裕（京都市歴史資料館 嘱託員）

路地裏というのは、不思議な場所だ。たとえば人々が路地裏を語るとき、単に称賛の言葉だけに偏るのではなく、負の部分に踏み入ることがあるからだ。

ある人はいう。「路地には生きた人が住んでいる、死んだ道ではない」と。その言葉を路地への誘いとるか、警告と受けとるかは、聞き手次第だろう。

路地裏で生きる人。路地裏をその目でずっと見てきた人。表通りではなく、あえて路地を歩く人。子どものころに駆け抜けた、淡い思い出となった人もいる。路地裏との関わり方は千差万別だが、それを語る言葉に一度耳を傾けてほしい。その言葉たちはきっと、路地裏という謎めいた感触に、一歩近づくための糸口をくれる。そして、もしあなたが路地裏をそっと眺めるだけの人ならば、一歩先へ進むきっかけとなるかもしれないのだから。

人が通るから、路地である。

一本の生活路に遺る偉大な茶人の想いやり。

三条通の室町通と新町通の間に、一本の図子が存在する。かつてこの地は、桃山期の茶人、広野了頓が茶亭を構えた場所で、かの豊臣秀吉も訪れたといわれている。広野家は元々足利家に仕え、将軍義輝の時代にこの地を領有した。しかし、了頓の遺志により、敷地内の小路を一般の通行のために開放したといわれている。おかげで今でも三条通から六角通に抜けられる。

考えてみると、路地や図子と呼ばれる場所は、区画のなかにまっすぐな道を通したり、あるいは迂回するように道をつくったりと、人々が住みやすいように道をつくり変えてきた痕跡である。なぜこんなところに、路地や図子があるのだろうか。そんな問いかけをしてみると街の見え方が変わるように思う。

現在、この図子は「了頓図子」と呼ばれ、住宅や料理店が建ち並ぶ。偉大な茶人が遺した想いは、今も失われることなく、一本の生活路として息づいているのである。

京料理 藤本

了頓図子の東側、さらに細い路地の奥にあるこちら。京料理「修伯」で修業を積んだ藤本貴士さんが平成20（2008）年にオープンした。味のポリシーは「それぞれの素材の旨味を重ねていく」とのことで、薬味ひとつとっても妥協がなく、オリジナリティあふれる重層的な味を堪能できる。昼は2900円～、夜は5250円～のコースがある。

京都市中京区衣棚通三条下ル了頓図子町475-10
075-211-9105
営業時間／12：00～13：30入店、18：00～20：00入店
定休／水曜

RISTORANTE ORTO

店名はイタリア語で「菜園」という意味。その名前のとおり、京都をはじめ日本各地から取り寄せた新鮮な野菜をふんだんに使用したイタリアンが自慢。もちろんそれだけではなく、パスタも、メインとなる肉・魚料理もデザートも、その一つひとつが見た目の美しさから味わいまで完成されており、まさに芸術品。お昼のセットは2000円～。写真は3500円のセットメニュー。

京都市中京区衣棚通三条下ル三条町337-2
075-212-1166
営業時間／12：00～14：00（LO）、18：00～21：00（LO）
定休／火曜（祝日の場合は振替で別日）

新旧混合の店が集う
七転八起のお狸小路。

路地裏再生物語。

四条河原町のすぐ近くに「柳小路」という路地がある。その歴史は古く、豊臣秀吉が洛中の諸寺院を移転し、「寺町」を形成するなかで、ここ柳小路界隈にも歓喜光寺が移された。寺の境内には3匹の狸が住み、名前を六兵衛、七兵衛、八兵衛といったそうだ。しかし、明治初頭に東京遷都と廃仏毀釈により界隈は寂れ、「狸の棲家」と称されるほど荒廃したという。

明治末期から大正年間にかけて、柳小路は繁華街化する。地域の鎮守社として八兵衛明神が創建され、そのご利益あってか、飲み屋街として活気づくのだ。大正期から創業し、柳小路とともに半世紀以上を過ごしてきた「静」の加藤さんは「戦前はこの柳小路が京都で一番の繁華街でした」と語る。

戦後、しばらくは進駐軍のダンスホールや学生居酒屋が軒を連ねて盛況が続く。しかし、バブルの崩壊や店主の高齢化に伴い、店舗は一軒また

静

壁や梁、机、天井に描かれた名物の落書きは、お店の歴史を語るとともに、もはやアートの域に達している。取材時に出会ったお客さんは「常連歴60年」とのこと。店名とは対照的に、半世紀以上にわたってにぎやかな笑い声を響かせている。

京都市中京区新京極通四条上ル中之町577
075-221-5148
営業時間／17：00～22：30
定休／月曜

見事な復活をとげた八兵衛明神。鳥居の奥には、信楽焼きの狸が8体祀られており、それぞれ、商売上達、招恋、幸福満々、成績良好、心身健康、金運最高、勝運良調、家内安全をつかさどっている。

一軒と姿を消す。柳小路はふたたび、人が歩くのも躊躇するほど、衰退してしまう。

平成16（2004）年に柳小路で開業した「はちべー」の岡本さんは、この近くで生まれ育った一人。「酔っぱらいやケンカっぱやい人も多かったですし、子ども心に近寄ったらあかんと思ってました」と、かつての柳小路を振り返る。しかし、開業時に店舗を探していたとき、岡本さんは柳小路と再会する。路面は荒れ果て、八兵衛明神は傾き、見る影もない。その姿を見て岡本さんは一念発起し、祠のすぐ隣りに店を構えて八兵衛明神を修復。屋号も「はちべー」とした。道を舗装するよう市や地主にも掛け合った。

現在、目覚ましい変貌を遂げた柳小路には、若者向けのショップが集まる。八兵衛明神には毎朝お供えものがされ、見事な「狸の棲家」として、注目を集めている。

御二九と八さい はちべー

小料理屋風の店内で、厳選した各種和牛ホルモンの味わいや食感を活かした繊細なコース料理を提供。ランチ限定メニューの「牛たんハンバーグ」は、極上の牛タンにホルモンの脂身がブレンドされたことで発する、濃厚な旨みが特徴。

京都市中京区新京極通四条上ル中之町577-17
075-212-2261
営業時間／12:00～14:15(入店)、17:00～21:30(入店)
定休／無休

猫の路地裏案内。

小さな姿を追いかけて
路地の奥へ奥へ。

知らない人も多いが、路地裏探索で、猫という動物は非常に大切な存在だ。というのも、猫のテリトリーには路地裏が選ばれることが多いのだ。なので、そのあとをそろりそろりとついていけば、おのずとステキな路地裏に出会える。しかし、ここで気をつけておきたいのが、猫は臆病な性格のものが多いということ。しかもそれが野良猫ならばなおさらだ。街でふと野良猫を見つけ、かわいがろうと近づいたら一目散に逃げられ、その日は涙で枕を濡らした、という経験のある方も少なくないだろう。なので、猫を見かけたら、ある程度距離を保つということを心がけよう。猫がスタスタと脇目もふらずに歩きだしたらストーキング開始。裏道によく入っていくので、見失わないように注意が必要だ。プチ冒険の先で、今回は、河村食堂というステキな路地裏のお店と出会うことができた。ここで、猫とはお別れ。小さくてかわいい案内人に、感謝と別れの挨拶を忘れずに。

河村食堂

サービスランチは、日替わりの「本日のパスタ」と前菜（サラダやスープのときも）がついて650円。自家製の河村フォコッペパン50円と一緒に味わってみて。

住宅街に現れた爽やかな青色の看板。「町のためにありたい」と笑う店主の河村さんが作るイタリアンは、日々の生活に沿うようなやさしさにあふれている。京都産の野菜、デュラム小麦100％の生パスタとパン。地産地消と自家製にこだわりながら料理はあくまでリーズナブル。ソムリエでもある河村さんが選ぶワインとともに、毎日でも食べたい一皿がここにある。

京都市上京区小川通元誓願寺下ル靭屋町499-23
075-200-5578
営業時間／11:30～14:00（LO）、18:00～21:00（LO）
定休／土曜

小さな案内人のおかげで出会うことができたステキなお店。目的を持って路地を巡るのも楽しいが、ときにはこういったやり方で路地を探してみよう。

名無し路地

名前のある路地がいいのか。
いや、そうではない。
まだ多くの人が未踏の路地にこそ、
路地裏探訪者の意欲をかき立てる
何かがある。
研究員たちが、京都の通りを
ひと筋一筋、歩くなかで出会った
「名無し路地」に関する報告書。
その一部をお見せしよう。

まちなか名無し路地マップ

市内中心部

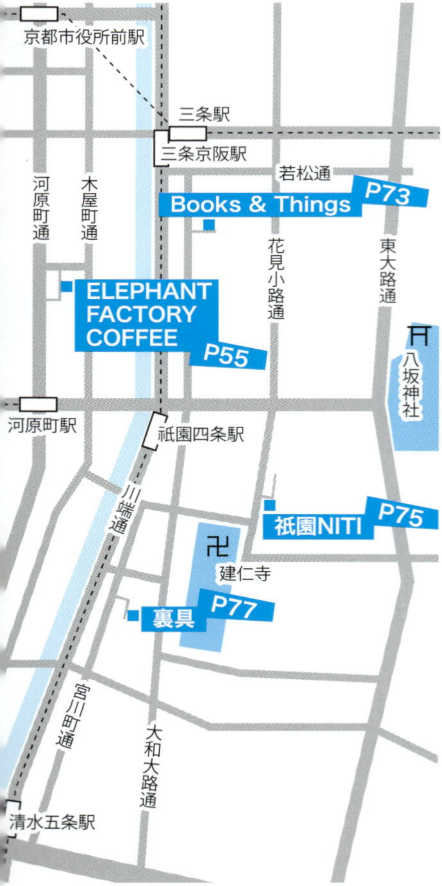

大宮通
堀川通
よるカレー
P78
阪急大宮駅
四条通
京福四条大宮駅

大宮周辺

御池通
烏丸
御池駅
火裏蓮花
P53
姉小路通
三条通
室町通
烏丸通
東洞院通
高倉通
柳馬場通
P57
円屋錦・高倉
ビストロ山形
P64
錦小路通
串たなか
P65
烏丸駅
四条通
四条駅
P61
BAR奥
お数屋いしかわ
P60
綾小路通
うふふBis
蕎麦處 笹屋
P69
仏光寺通
P68
高辻通
P71
木と根
松原通
五条駅

柳馬場通姉小路上ル東側

Roji labo

くいっと曲がって続く

路地の入口から28歩、お店の右側にはさらに細くなった石畳が続きます。そう、まだ先があるのです。が、しかし。ここから先はお住まいになりますので、そっと見るだけにしましょう。この先に行きたいって？　それは住人だけの特権です。

見つけにくいがよし

モダンな町家で一息

古きと新しきが同居したモダンな町家には、やわらかな陽光が似合います。柳馬場通の喧噪もどこへいったものか。人目の届かないここには、気持ちを静める時間が流れています。やさしい隠れ家にもぐり込みましょう。

物思いにふけるもよし

木のカウンターのぬくもり、やさしく背中を包む椅子。じっくり腰掛けて本なんか読みはじめればもう、安らぎの境地へたちまちトリップ。

かたち／かぎ型
全長／74歩
幅／1m40cm
(10才くらいの子どもの身長)

火裏蓮花

烏丸御池にほど近い都会の片隅、その奥にひっそりと佇むこちら。町家のもつぬくもりがそのまま生かされた店内では、時間を忘れてゆっくりできる。マスターが試飲を重ねて選んだオーガニックコーヒー450円は、酸味が少なく、残り香がやさしく残るのが特徴。ベルギー産のチョコレートを使ったクラシック・ショコラ550円も一緒に味わいたい。

京都市中京区柳馬場通姉小路上ル柳八幡町74-4
075-213-4485
営業時間／12：30～18：00
不定休

蛸薬師通河原町東入南側

Roji labo

繁華街と繁華街の間に

伝わる街の空気

お店と住宅の間、その距離わずか163cm。そんな人、いるかどうかは別として、だいたいの男性は寝転べません。狭い分、街のライブ感、そしてその匂いがひしひしと伝わってきます。お店はアスファルトの路地を約37歩。見上げた左手、象の看板が目印です。

クリエイト・タイム

かたち／逆L字型
(途中に柵あり)
全長／85歩
幅／1m63cm

コーヒー500円とミニチーズケーキ300円で至福の一時を。非日常的な空間に目を向けたり、棚の古本に目を通したり。ブレイクではない有意義な時間の過ごし方がここにはあります。

いつでも見守ってます

路地を出たとこにあるのはお稲荷さん。路地でいいなぁと思うのは、町の暮らしに溶け込むように神様がいらっしゃるところ。お地蔵さんも、あちこちの小さい祠の中でほほえんでいます。今度見かけたら、あいさつしてみましょう。

ELEPHANT FACTORY COFFEE

「当たり前のことをしてるだけです」と話すのは、マスターの畑啓人さん。北海道美幌町で小さな自家焙煎店を営んでいる福井さんの力強いコーヒー豆を使い、一つひとつ丁寧な心配りで淹れられた一杯には、コーヒーに対するまっすぐな思いが込められている。凛とした苦みの効いた、豊かなコクをもつ一杯を味わいに、足しげく通う人も珍しくない。

京都市中京区蛸薬師通河原町東入備前島町309-4　HKビル2F
075-212-1808
営業時間／13：00〜翌1：00
定休日／木曜

高倉通錦小路上ル東側

Roji labo

看板に吸い込まれた先に路地

ちょこんと立て看板

うっかりすると見過ごしてしまいそうになる看板。路地裏のお店の看板の多くは、どうしてこう、自己主張をしながらも内気なんでしょうか。そこがまたいいんですが。

かたち／L字型
全長／28歩
幅／1m63cm
(加藤茶の身長と同じ)

路地マニアさま、ご案内

なんとこの路地、小さな灯籠が道を照らしています。どうやら、これは円屋錦・高倉さんが置いたもの。

夜になれば、路地は本当に真っ暗になりがちなので、こういった心配りはうれしい限り。さあ、これで迷う心配はありません。千鳥足になるまで呑んじゃいましょう。

ああ、うれしきかな 路地奥で出会う定食

出ました、近所のサラリーマンやOLの方のお腹と心を満たす、円屋錦・高倉さんの日替わり定食750円。メインは肉か魚を選べますが、健康に気を遣う路地マニアたるもの、もちろんここは魚をチョイス。炭火で焼いてくれるところもうれしいですね。

円屋錦・高倉

錦小路を少し離れた路地を奥に進むと、昭和初期の京町家があたたかく迎えてくれる。店内には、アンティークの家具や時計が並び、カウンターに囲まれた厨房からは、炭火のはねる音が響く。昼は定食を、夜は居酒屋として、炭火焼き地鶏が味わえる。脂と炭の香ばしい煙であぶられた淡海地鶏は、至極の味わいと香り。

京都市中京区高倉通錦小路上ル貝屋町564-136
075-213-3451
営業時間／11：00～14：00、17：30～23：00
定休／火曜

高倉通四条下ル西側

Roji labo

かたち／まっすぐ
（途中にでっかい提灯あり）
全長／36歩
幅／1m46cm

四条高倉に飲んべえ天国が存在した！

帰り道にはビッグ提灯がお見送り

100人中90人が驚くこと確実なビッグ提灯。実はこれ、お数屋いしかわの女将さんが、開店祝いにもらったものなんだとか。つまり、この路地の名物はお数屋いしかわあってこそ。お店と路地は密接な関係にあることが証明されました。

どこからともなくおじさん出現

高倉通を歩いていると、どこからともなく、赤ら顔のおじさんたちが出現。突然のできごとに驚いている暇はありません。出てきたところをのぞけば、そこにはまごうことなき路地が！

薄暗い通路に淡い光がポッ

夜ともなれば、路地はさらに薄暗くなります。おじさんたち、よくつまずかずに歩けたなと感心していると、なるほど、納得です。行灯とともに、お店の心配りが光ります。

京都の地酒と一緒に並ぶのは、糸こんとししとうのピリ辛炒め550円、本日の南蛮漬け550円、にしんなす550円。

お数屋いしかわ

路地奥に、ひっそりと建つこちら。そのスマートな雰囲気とはうらはらに、お客が絶えず、いつも活気がある。女将の石川智早代さんの腕前は、老舗のおばんざい屋「太郎屋」仕込みの確かなもの。にしん茄子といった定番ものから、豚の燻製とパルメザンチーズを混ぜたポテトサラダなどの変わり種まで、その料理の多彩さは、毎日通っても飽きがこない。

京都市下京区高倉四条下ル高材木町221-2
075-344-3440
営業時間／17：30～24：00、日曜・祝日～23：00
不定休

BAR 奥

　置いているお酒はワイン20種、ウィスキーはスタンダードからマニアックなものまで300種を超える。そんななかでもオススメなのがシェリー酒。マスターの三代川義典さんがベネンシアを使ってサーブする姿は思わず見ほれてしまうだろう。静かに、ゆっくりとお酒を楽しみたい人のために、2階席が用意されているのもうれしい。

京都市下京区高倉四条下ル高材木町221-1
075-344-6040
営業時間／19：00～翌2：00
定休／月曜

四条烏丸の裏にまわれ

錦小路通室町東入南側

Roji labo

昼間は見落とし注意の静かな路地

ビジネスビルに囲まれ、静かにひっそりと佇む路地。しかし、侮って見落とすなかれ。実はこの路地、夜ともなれば、グルメ路地へと様変わりするのです。もちろん昼間でも「ビストロ山形」が、グルメ路地の看板を守っています。

集う人の熱気に誘われて

昼の静かな空気とは打って変わり、日が落ちれば食通たちでにぎわいます。細い道だからこそ濃度が上がる、そんな夜がここに。ナイスパッション。

Uターン不可能につき

路地の左手には「味の一方通行」と書かれた串たなかさんの看板が。というのも、メニューはコースのみ。20本の串が次々と揚げられ、ストップといったところでお会計です。この串の旨さに出会えばもう戻れない。串を誰よりも愛する大将の朗らかな笑顔が､それを物語っています。

かたち／まっすぐ
(突き当たりにはフェンスあり)
全長／71歩
幅／2m57cm

ビストロ山形

古き良き、洋食屋の姿がここにある。オーナーシェフである山形隆さんの熟練の技術で作られる料理の数々は、素材の味が伝わるシンプルな味つけながらも、上品な濃厚さ。数多くの食通を魅了し、リピーターも多く、何十年来のファンもいるんだとか。バターの香りはほのかに、卵本来の味はどっしりとした、ふわとろのオムレツは、一度食べれば、いつまでも口の中に余韻が残るほど。

京都市中京区錦小路通室町東入占出山町310-5
075-256-1230
営業時間／11：30～13：30（LO）、17：00～22：00（LO）
日曜不定休（ランチは日曜休）

メインにサラダ、スープ、パン（またはライス）、食後のコーヒーまでついたお昼のセットメニュー1365円～。

ストップというまで、一方通行で出
される串揚げは、全20種3800円。
串を口に運ぶ手も止まらない。

串たなか

こちらでいただく串揚げは、まさにエンターテインメント。次々と出される美しい串、口に含めばフワッとした衣の食感の後に、素材の旨味がぶわっと広がり、そして次の串へとバトンタッチしてゆく。季節ごとの食材から、秒単位で計算された半熟のウズラ、モッツァレラやリンゴなどの変わり種まで、多種多様な味の共演。串揚げが起こす感動をぜひ味わって。

京都市中京区錦小路通室町東入占出山町310-10
075-222-0054
営業時間／17：30～22：30（LO22:00）
定休／月曜（祝日の場合は翌日休）

仏光寺通烏丸東入北側

Roji labo

かたち／結び目型
全長／258歩
（意外と長く感じる）
幅／2m78cm

月明かり落ちてくる夜は

お日さまも暮れ、月明かりと街灯に路地が照らされると、子どもたちの冒険の時間は終了。今度は吸い寄せられるように大人たちが集まってきます。夜はまだまだはじまったばかり。でも、酔ったいきおいで、結び目で迷い、キツネにだまされた、なんて思わないように気をつけて。

昼は子どもの、
夜は大人の秘密道

ユートピアは突然に

結び目のような珍しいかたちの路地は、迷い込むにはうってつけ。路地のなかには塾があることも後押ししてか、遊び場が少ない街中に住んでいる子どもたちにとって、貴重なトレジャースポットになっているようです。

ノージェネレーション

子どもたちの楽園かと思いきや、そんなことはありません。路地の奥には、近所の大人たちが足しげく通う、そば処が。そう、この路地は、子どもも大人もワクワクする、世代を超えて愛される場所なのです。

蕎麦處 笹屋

烏丸通を少し外れるだけで、街中の雑踏が嘘のように思えるほどの静けさが広がる。そんな閑静な路地裏でひっそりと店を構えるのが、こちらのお店。良質な地下水をくみ上げるために、この場所を選んだというのだから、そのこだわりは半端ではない。水とともに使うのは、茨城県は新治村の常陸秋そば。濃厚な香りが鼻をくすぐってくれる。

京都市下京区仏光寺通烏丸東入上柳町315-10
075-344-6708
営業時間／11：30～14：00、17：30～24：00
定休／日曜

そば、豚けんちん汁、たこ飯、お造りなどがついた、お昼の定食・竹1600円。

うふふBis

暖色系の色でそろえられた内装、ゆったりとした間隔がとられた席。そんななかで味わえるのは、店長が「食べてみて、本当においしいと思うものだけを出している」と語るほど厳選された素材がベース。地鶏の西京漬けや新鮮なお造り、生地からつくる自家製ピザやパスタなど、和洋が混在した飽きさせない料理の数々は、素材の味が十二分に引き出されている。ここに来れば、なにげない一日が、きっと特別なものになるだろう。

京都市下京区仏光寺通烏丸東入上柳町315-16
075-344-8625
営業時間／17：00～24：00
定休／日曜

新鮮さが自慢の、お造りの盛り合わせ1000円～や、サックリと甘いえんどう豆のコロッケ730円、地鶏の西京漬け1100円など、メニューも豊富。

東洞院通松原上ル西側

Roji labo

塔と広場と散歩道

犬の散歩道

犬を散歩しているお母さんとおぼしき人を発見。犬の散歩道には高確率でいい路地があるんです。マンションと古民家に挟まれた路地という、なんとも京都らしい路地ではありませんか。

塔のようにそびえ立つ

かたち／まっすぐ
(奥に行くと急に広い空間が)
全長／50歩
幅／2m23cm

路地を抜けた先、急に広い空間が現れます。とまどいを隠しきれずに振り向けば、そこには塔のようなレトロビルが！

歴史を刻む建物

驚いたのもつかの間、よくよく見れば、塔のようなレトロビルは､昔ながらの寮でした。しかし、この古びた感じがなんとも歴史を感じさせてくれます。きっと昔から、そしてこれからも、この路地を見守り続けていくのでしょう。

木と根

知る人ぞ知る、という言葉がふさわしいのが、こちらのお店。島るり子や井山三希子をはじめとした職人による、器をメインとした日用道具、木工雑貨、布小物、織物、青竹細工、金物などがそろう。そのどれもが、心をこめて丁寧につくったということがありありとわかる、あたたかみのあるもの。このお店に訪れればきっと、一目で気に入る商品が見つかるはず。

京都市下京区東洞院通松原上ル燈籠町589-1
075-352-2428
営業時間／12：00～日暮れ
定休／水・木曜

古美術の街の路地

古門前通大和大路下ル東側

Roji labo

少しだけ勇気をふり絞り

古美術の街に、につかわしくない黒い看板。と同時に、現れたのは歴史の深さを感じさせるような路地。重厚な看板と、祇園の雰囲気もあわさって、躊躇してしまうこと必至。ですが、ここは勇気をふり絞って進みましょう。

ああ、麗しの古書店

勇気の代価として手に入るのは、ステキな古書店との出会い。まずは格子ごしに店の雰囲気と商品をチェックし、いざ店内へ。

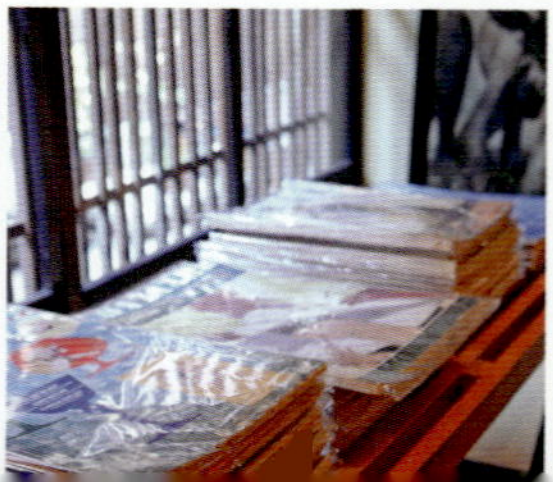

かたち／まっすぐ
（地面は石畳とコンクリート混じり）
全長／36歩
幅／1m47cm

帰り道の発見

帰り道では路地をまじまじと観察してみましょう。石畳とコンクリートが混じった地面、建物の壁のシミなど、路地探訪者たるもの、見るべきところはたくさんあるのです。

Books & Things

店内には写真集や建築、アート本など海外の古書が整然と並んでいる。置かれる本の基準は、図版、レイアウト、印刷など、レベルの高いヴィジュアル本であるということ。ここに来れば、おもしろい本に出会えることは確実だ。また、入口すぐの２畳間は月ごとにテーマを設け、レイアウトや商品が差し替えられるのも特徴的。それを楽しみに、幾度となく足を運んでしまう人も多い。

京都市東山区古門前通大和大路下ル元町375-5
075-744-0555
営業時間／12：00～19：00
不定休

花見小路通四条下ル6筋目東側

Roji
labo

日々の暮らしに歩む

路地といえばやはり名札

出ました路地の素敵オプション「名札」。これに胸を踊らせているならば、あなたも路地マニアへの階段を着々と上がっています。しかも、ただの名札じゃなく、灯り搭載の看板仕様。この新しく、上品な佇まい、くるんとした仮名文字。小粋なセンスを感じます。

都に生きる人々の道

かたち／逆L字型
全長／94歩
（オール石畳！）
幅／1m63cm

近所のお母さん、酒屋さん、開店前の女将さん、細い幅に行き交う住民たちの足音が心地よいのです。芸舞妓さんの姿もちらほらと。

花街&庭のダブルコンボ

整然と続く石畳からさらに1本入った路地にある祇園NITI。こんなに心地がいいのは、祇園という場所柄か、心安らぐ庭の存在か。はたまたそのどちらもなのか。満ち足りた空間でお茶できる幸せに、ガラスの向こう、小さな緑がそよぎます。

祇園NITI

日常を忘れて、花街の風情にゆっくり浸かりたい、そんなときにオススメ。元お茶屋さんの風情をそのままに、新しいカフェの顔が加わった。看板メニューは火鉢であたためて、5種類のディップとともにいただく生おかき1000円。また、日光の氷屋、四代目徳次郎から仕入れた自慢の天然氷で作る、ふわふわのかき氷1200円も人気がある。夜にはバーとしての営業も。

京都市東山区祇園町南側570-8
075-525-7128
営業時間／11：00～18：00、19：00～翌2：00
不定休

宮川筋通団栗下ル東側

Roji
labo

大人の今こそ探検へ

のれんをくぐって

真っ白なのれん。こうして仕切りがあると、入る前から気持ちが弾みます。風を感じる度にはためく、ウチとソトの柔らかな境界線。買い物後、ひるがえし、右手45度でくぐり抜けた先には、いつもの宮川町が広がっています。

カッチリな表札

かたち／L字型
全長／24歩
幅／83cm
(両手を広げると入口でぶつかる)

住宅では見かけますが、お店でこのかたちの表札は珍しい。カクカクのタイポグラフィもかっこいいです。勝手にグッドデザイン大賞あげちゃいます。

できれば全部ほしいけど

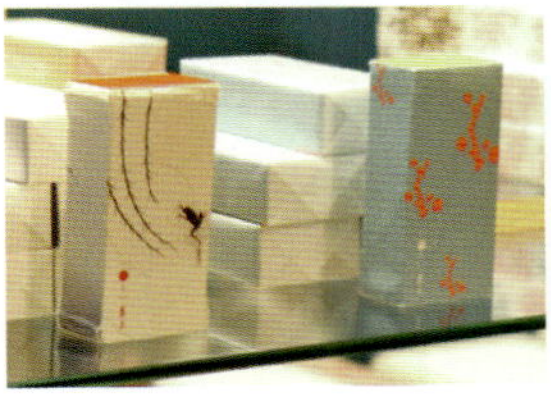

修学旅行で、知らない道を歩くのってドキドキしました。かわいいお土産屋さん見つけて、そこで小遣いを使い果たしたり。久々にお土産買って帰りませんか。ぽってり小さいメモ「まめも」367円など、小粋な大人のお土産が並んでいます。

裏具

メールの普及で文字を書くことが減った今だからこそ大切にしたい紙もの。昔はお茶屋さんだったという建物に、ハガキや便箋などのオリジナル文具が並ぶ。「和風」だけにとらわれないビビッドな色彩、カエルやコウモリといった遊び心あふれるデザインに、目移り＆長居必至。こんな愛らしい文具で言葉をつづる。そんな素敵な瞬間を、想像してみよう。

京都市東山区宮川筋４丁目297
075-551-1357
営業時間／12：00〜18：00
定休／月曜（祝日の場合は翌日休）

大宮通四条上ル東側

Roji labo

よるカレー

お酒を飲む場所が両手からこぼれるほどにあるエリアで、家庭的なドロッとしたカレーを提供してくれる、唯一無二のお店。タマネギとチキンだけ、と具材はシンプルだが、ターメリックなどを使ったオリジナルスパイスによって、その味と香りは一級品。辛さも、甘過ぎず辛過ぎない、ほどよいあんばい。お店自慢のビオワインを傾けながら、いただくのもオツだろう。

京都市中京区大宮通四条上ル錦大宮町148 寛遊園内
075-202-4703
営業時間／19：00～翌2：00
（日曜～24：00）
不定休

かたち／F字型
（迷わないよう注意）
全長／129歩
幅／2m45cm

少し開けた空間で

この路地はF字型になっているのですが、奥に行けばこんなふうに、階段でいう〝踊り場〟のような開けたスペースがあります。このような空間を、ダンシング路地スポットと呼ぶことに決めました。

四条大宮の夜の味

よるカレーさんで、ワインとともに、自慢のよるカレー650円をいただきます。こぢんまりとした店の狭さがいいんです。

路地奥にある エアポケット

コアな夜のお店を探しに

夜の四条大宮が、大人の繁華街となることは、京都人ならだれでも知っています。表通りにもステキな店はもちろんありますが、よりディープに大宮を知るならば、この路地裏街は外せません。

おでかけ名無し路地マップ

西陣周辺
今出川通
西陣織会館
P83
美齢
元誓願寺通
卯晴
P86
千本通
浄福寺通
智恵光院通
大宮通
黒門通
堀川通
油小路通
小川通
ライフ
中立売通
はちはち Infinity Cafe
P85
上長者町通
阪急OASIS
千本店
丸太町通

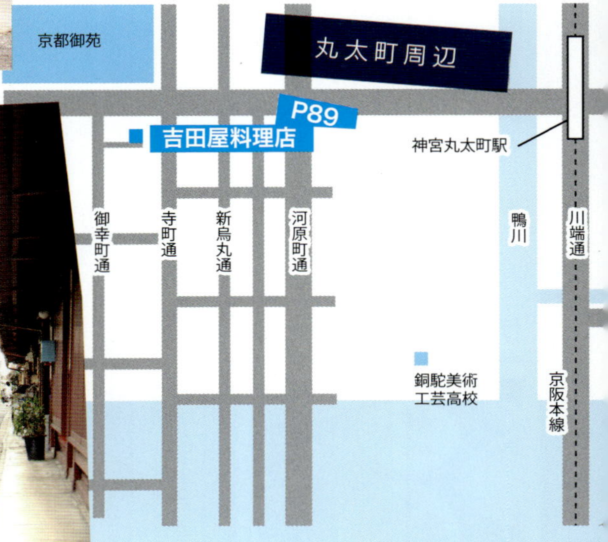
京都御苑
丸太町周辺
P89
吉田屋料理店
神宮丸太町駅
御幸町通
寺町通
新烏丸通
河原町通
鴨川
川端通
銅駝美術
工芸高校
京阪本線

黒門通元誓願寺上ル

Roji
labo

歓喜！路地多発地帯！

ナイスな看板を発見

路地によく見られる、住所を示す看板。その中にこんなお茶目さんが。「今」の字に注目。山の下の「ラ」みたいな部分が「テ」になっています。これは思わず要記録。ほかにも変わった看板がないか、探しに行きましょう。

行列必至の満腹ランチ

かたち／まっすぐ
全長／ 166歩
幅／ 2m37cm
（車NO！大人・子どもOK！）

美齢の日替りランチは、前菜、蒸し物、メイン料理にデザートがついて、なんと1000円なんです。かつてホテルの料理長をつとめあげたシェフが作るだけあり、その腕前は確かなもの。大満足間違いなしとあって、ランチは前日までに要予約の人気ぶり。

狭いがゆえの利点

大人ひとり分ほどの路地が集まるこの一帯。下校時に小学生の姿が見受けられます。車もなく安心。なるほど路地を使いこなしています。

美齢

西陣の東に隠れた人気店アリ。店内の随所に見られる西陣織、雅な空間でいただくのは広東料理に四川風のスパイスをピリリと効かせた中華だ。化学調味料は使わず、本場の食材を仕入れて作られる料理は脂っこくなくやさしい味わい。また名物の石焼麻婆豆腐はボリューミーでとても刺激的。席数に限りがあるので予約は忘れずに。

京都市上京区黒門通元誓願寺上ル寺今町511
075-441-7597
営業時間／11：30～14：00（LO）、17：30～21：00（LO）
定休／月曜、不定休

上長者町通千本東入2筋目下ル西側

Roji labo

かたち／かぎ型
全長／88歩
(ゾロ目ってステキ)
幅／2m70cm

88歩でたどり着く はちはちというお店

生い茂る木々に囲まれて

住宅地の一角とは思えないような、豊かな木々に囲まれた路地。まるでジブリの世界に出てくるような、そんな道を歩こう歩こう。歩数にして88歩。路地の奥で出迎えてくれるのは、鬱蒼とした緑に溶け込むように建つ古民家パン屋。名前がなんと「はちはち」だから驚きです。

至極のパンで 至福のひと時

さて、そんな、はちはちさんで、スープつきの日替わりサンドイッチ950円をいただきます。この日は野菜やラム肉のソテー、自家製のジャム、花びらのようなチーズがパンの上にのせられています。

はちはち Infinity Cafe

酵母から作る自家製パンが自慢のパン屋兼カフェを営むこちらのお店。木々が生い茂るという立地は、天然酵母によるドイツパンづくりを追求してきた店主の横田耕一さんが「酵母のために」と選んだそう。そうしたたゆまぬ探求の果てに生まれてくるパンは、酸味があり、かめばかむほど、味に深みが増していく。パン好きならば、一度は必ず訪れたい。

京都市上京区山王町506
075-451-8792
営業時間／11：30～18：00（パンが売り切れ次第終了）
定休／水・木曜

大宮通笹屋町下ル東側

Roji labo

卯晴

店名は、店主のご実家の屋号とお母さまの名前からつけられたとか。ステンドグラスが鮮やかな町家には、40種類ほどの紅茶がそろっている。ここでは紅茶だからといって肩肘を張る必要はない。フレーバーのミックスやノンカフェインもあり、その日の気分にあわせたお茶とケーキをいただける。気軽に「おいしい！」を楽しんで。

京都市上京区大宮通笹屋町下ル石薬師町689-13
075-441-4772
営業時間／11：30～17：00過ぎ
不定休

大宮通を曲がれば

和洋折衷

飴色の梁にシャンデリア、座卓に並ぶガラス瓶。美しいものを詰め込んだ、おもちゃ箱のような店内は、不思議と懐かしくなります。

かたち／まっすぐ
（途中に小さな坂あり）
全長／52歩
幅／2m95cm

午後は路地奥で アフタヌーンティを

紅茶1ポットに、その日の菓子3種がついた、卯晴アフタヌーンティは、このボリュームで1000円という驚きの価格。午後の路地奥探索に疲れた体を、あたたかな紅茶と甘いお菓子が癒してくれます。

大切にしよう心遣い

お店の前にある看板。そうそう、これ大事。自転車を路肩にピッタリと寄せましょう。限られたスペースで生活する路地裏では、自身にもお店にも、周りの家の人にも、まんべんなく気を遣いあう心遣いが大切なのです。

御幸町通丸太町下ル東側

Roji labo

かたち／まっすぐ
全長／43歩
幅／1m
（キリのいい数字！）

子どものころにタイムスリップ

ひとつの看板から冒険ははじまる

路地奥へ誘ってくれる大きな看板。それでも見逃してしまう人がいるというほど、狭い入口がスタート地点。

登校気分でお店に向かおう

コンクリートブロックの塀が続く路地奥は、人がすれ違うのも困難な狭さ。大人になると、こんな狭

吉田屋料理店

リラックスできて、いろんな話ができる場所。そんな言葉がピッタリとあてはまるような内装と店の雰囲気は、我が家と料理屋のちょうど中間に位置するような居心地のよさ。海外旅行が趣味という店主の吉田裕子さんが、その先で味わった料理を日本の食材を使って独自にアレンジした無国籍料理の数々は、バラエティーに富みながらも、確かな味わい。

京都市中京区丸太町通御幸町下ル毘沙門町557-1
075-213-2737
営業時間／18：00～24：00
定休／日・月曜、不定休

い道を歩く機会はなかなかありません。ショートカットと称して通学路をはずれた思い出が呼び覚まされるようです。

友だちの感覚でおじゃまします

路地のどんつきにある町家を改装した一軒家のお店。靴を脱いで上がる板間のスタイルで、子どものころに戻り、友だちの家に遊びにきた感覚でくつろげます。

名物は、鴨の燻製と水菜のオリエンタルサラダ1050円。ガトーショコラ630円などのデザートもそろえられている。

今出川通川端東入2筋目上ル西側

Roji
labo

生きた路地の奥で花と緑に囲まれて

自転車の往来に注意して

この路地、自転車の交通量が多いんです。地元住民の抜け道として活用されている生きた路地なのです。

花と緑に囲まれたカフェ

自転車に注意しつつ先へ進むと、たくさんの草花に囲まれた多目的カフェ、かぜのねさんが見えてきます。人気のランチおばんざいの盛り合わせ定食は700円。カフェの奥ではさまざまなイベントが開催されているようです。

新たな出会いと発見

かぜのねさんの隣りで、個性的な自転車屋さんを発見。こういった出会いも路地裏歩きの醍醐味です。さあ、勇気をふりしぼって、お店の人と世間話に講じてみては？

かたち／まっすぐ
(自転車の往来があるので注意)
全長／122歩
幅／1m43cm

かぜのね

路地に咲く一輪の花のように、そっと佇ずみ、来訪者を歓迎してくれるお店。滋賀や亀岡などから仕入れた有機野菜を使用した、おばんざいなどの料理は、体のなかにたまった汚れをきれいに洗い流してくれるよう。また、夜には居酒屋としても利用でき、季節にあわせて仕入れた地酒や地ビールなどを堪能できる。

京都市左京区田中下柳町7-2
075-721-4522
営業時間／12：00～22：00
定休／月・火曜

丸太町通東大路東入南側

Roji labo

住宅地の中がゆえ

街に溶け込むということ

シンプルな店構え、さっぱりとした味つけ。ハード、ソフトともに気分は上海一色です。カウンターにはキープされた紹興酒のボトルが常連の声を待つ。地元住民に愛され、毎夜杯が交わされている証拠です。

ありがたきかな看板

丸太町通の南側に、黄色い看板。路地のお店はわかりにくいことが多いなか、こちらは目立つ印を用意してくれていて。いやはや助かります。

かたち／まっすぐ
全長／66歩
(ゾロ目ってステキ)
幅／[illegible]m82cm

心と体に染み込む、上海の味

七福家の人気メニューは、黒酢をたっぷり使った黒酢の酢豚セット750円です。上海でもポピュラーな料理ですが、こちらでは、日本人の舌に合うようにひと工夫しているんだとか。黒酢の甘酸っぱいアンが、豚肉や野菜に絡みついて……もうたまりません。

七福家

上海出身の姉弟が営むこちらでは、本場の家庭料理がいただける。「中華」のイメージとは違い、上海の料理はトマトやセロリ、イカなどを使ったあっさり系が多いのが特徴だ。看板メニューは酢豚。使われている黒酢はコクが深く酸味が少ないので、日本人の口にもぴったり。座敷があるので子ども連れでも安心して来店できる。

京都市左京区聖護院山王町25-11
075-771-3833
営業時間／11：30～14：30、17：00～22：00
定休／水曜

御蔭通東大路西入北側

Roji labo

闇夜にのびる道の奥

ここからは異空間ゾーン

20時を過ぎるとこの界隈はもうおやすみタイムに突入です。おや、とっても明るいここは何かと立ち止まること5秒。ぜひともそこから足を踏み出してみましょう。夜の帳を切り取って、夜ふかしさんたちの宴が開幕します。

ユルいマスターとの熱いトーク

かたち／まっすぐ
(突き当たりがお店)
全長／29歩
幅／2m72cm

ユルい空気で人を和ませる、上海バンドのマスター福岡英樹さん。もちろん、熱い話にものっかってくれます。

上海バンド

左京区のユルい系、なんて油断するなかれ。マスターの飽くなき探求心から生まれる料理は、ただの中華とは一味も二味も違うおいしさ。滋味あふれる自家製塩豚から、羊肉とクミンのパンチの効いた味まで、多種多様なメニューは、マスター愛する紹興酒との相性抜群。ついつい杯も談笑も進んでしまうこと請け合いだ。

京都市左京区田中里ノ内町26
075-711-4566
営業時間／18：00～24：00
定休／日曜、第4月曜

じつにガレージ的な

つぎはぎだらけのコンクリート床に、ずらりと並ぶ自転車。なんて楽しげな雑然たる空気。ちなみに電球の点灯はセンサー式。ビックリしないように注意を。

酒好きにはたまらない、羊肉とセロリのクミン炒め850円。少し癖のある羊肉に刺激的な香りのクミンを合わせる調理法は、ウイグル料理ではポピュラーなもの。こんな料理も楽しめるのだ。

2F

番号路地

先斗町、祇園町には、
番号のついた路地が存在する。
当研究所はそれを
「番号路地」と名付けた。
闇夜の花街に路地裏の活気、
まだまだ知らない奥深い世界が
浮かび上がる。

先斗町番号路地

京都を代表する花街には、
その華やかさに負けない
きらびやかな路地が、数多く存在する。
ちょっとのぞいてみる。
それだけでもいいかも知れないが、
ここは、少し勇気を出して、
奥まで、歩を進めてみよう。

先斗町 9番路地

かたち／まっすぐ
全長／57歩
幅／1m17cm

ネオンがつくる光のトンネルを抜けて

お店の看板が灯され、先斗町が太陽から遠ざかるにつれて、ひときわ存在感を放つのが9番路地だ。隣同士、毛色の違うお店が肩を並べるからこそ生まれるネオンの交差、めくれあがったコンクリートに、壁を這うようにつたう配管まで、まるで映画のセットのようなビジュアルに、お店に入る前から酔ってしまう人もいるのではないだろうか。あとはこの路地にハリソン・フォードが立てば、『ブレードランナー』のワンシーンになることは間違いないように思う。

BAR tonbo

あえてひとりもアリ
屈託ない会話を楽しんで

店の看板であるトンボは「前を向いて進む潔さ」が由来。屈託のない笑顔が素敵な女性オーナーの魅力に誘われるように、連日多くの人が足を運ぶ。レンガ造りの重厚な店内には、200種類以上のお酒。そして「ひとり暮らしの人が心配で色々つくってます」と、フードも豊富だ。オススメはワインとレモンの層が美しいアメリカンレモネードと、前菜の盛り合わせ。先斗町にありながら、コストパフォーマンスもよく、女性ひとりでも気軽に行けるお店だ。

京都市中京区木屋町通四条上ル東入
9番路地南側
075-213-2676
営業時間／18：00～24：00
（金・土曜～翌1：00）
定休／月曜

アメリカンレモネード800円と前菜の盛り合わせ1200円で、先斗町で過ごす夜を楽しんで。

番号路地 コラム

時代を経てなお幕末の面影 木屋町・先斗町、今昔物語。

先斗町 2番路地

かたち／まっすぐ
全長／15歩
（番号路地のなかで2番目に短い）
幅／1m22cm

先斗町 4番路地

かたち／まっすぐ
全長／13歩
（番号路地のなかで1番短い）
幅／1m3cm

夜ごと街明かりと人の笑い声でにぎわう先斗町。「おいしかったね」「楽しかったね」と、ほろ酔いの笑顔が飛び交う様は平和そのもの。だが、現在の姿が昔からあったわけではない。今から約150年前、幕末の動乱の最中。先斗町のすぐ裏手にある木屋町通には、多くの勤皇志士が闊歩していた。明日の日本を憂い、時代のうねりに身を焦がすように駆け抜けていった志士たちの精神が息づく場所でもあるのだ。界隈には、土佐藩、薩摩藩、長州藩の藩邸や、坂本龍馬率いる海援隊の京都本部などがあり、歴史に名を残す人びとが集結していた。無論、血なまぐさい出来事も多かった。歓楽街となった現在では、一見してそんな事があったとは思えないほどだが、喧噪の陰にひっそりと、その痕跡を残すものが存在する。本間精一郎をご存知だろうか。尊皇攘夷の志士だっ

先斗町7番路地

かたち／まっすぐ
全長／26歩
幅／1m52cm
（歌手のaikoの身長と同じ）

先斗町8番路地

かたち／まっすぐ
全長／34歩
幅／1m15cm
（この大きさのウナギが存在する）

先斗町5番路地

かたち／まっすぐ
全長／65歩
幅／1m90cm
（ゆったり）

た彼だが、悪辣な物言いと酒癖の悪さで多くの志士の反感を買ったため、同じく尊皇攘夷派の同士に斬殺されたといわれている。刺客は「幕末四大人斬り」に数えられる岡田以蔵とも、田中新兵衛ともいわれ、本間が死した場所はこの花街の路地のなかだった。木屋町側の路地に「本間精一郎遭難之地」と石碑が建てられているその場所には、今でもくっきりと刺客がつけた刀傷が建物に刻まれているそうだ。自らの信ずる道を迷うことなく進もうとする純粋で無垢な情熱が、かつてこの路地にあふれていたのかもしれない。今や関西屈指の繁華街となった先斗町と木屋町だが、昔から変わらないのは、そのエネルギッシュさだろう。料理人やバーテンダー、そして客の情熱が、志士に代わる存在として街を熱く染め上げている。

先斗町 13番路地

かたち／まっすぐ
（水色の壁がステキ）
全長／58歩
幅／1m14cm

キャラの濃さナンバーワン

「先斗町のなかで一番おもしろい路地は？」と聞かれたら、「13番路地」と答えるようにしている。というのも、ドリンクのほとんどが500円という格安の「石丸商店」や、カフェ感覚で行きたくなるようなかわいい「la cara」があり、お店のバリエーションが豊富だからだ。また、路地自体もキャラが濃い。木屋町通側から入れば、青白い壁が続き、何だか水底にいるみたいな不思議な気分になってくる。抜けた先にあるのは、一転して暖色の光で照らされたムーディーな空間。ほかの路地に比べてお店の数も多いので、この路地から探訪してみるといい。

石丸商店

カンパイの数だけ
一期一会の出会いがある

バーとも居酒屋ともいえない、まさに大人のたまり場である。ゆるりとした店のモットーは「がんばらないこと」らしく、その雰囲気を求めて、今日も多くの人が足を運ぶ。このお店では、ひとりで飲んでいたつもりが、いつのまにか友だちができていたりすることも珍しくない。それになんといっても料理もドリンクも安い。この場所柄でこの値段と、驚いてしまうことは確実。京都の夜を遊ぶには知っておきたいスポットのひとつだ。

京都市中京区木屋町通四条上ル13番路地東入北側
075-213-0966
営業時間／18：00～翌6：00
定休／無休

店名を冠した、石丸サラダ600円。お酒のアテには最適。

狭くてもあたたかな店内で
ワイングラスを傾ける喜び

la cara

13

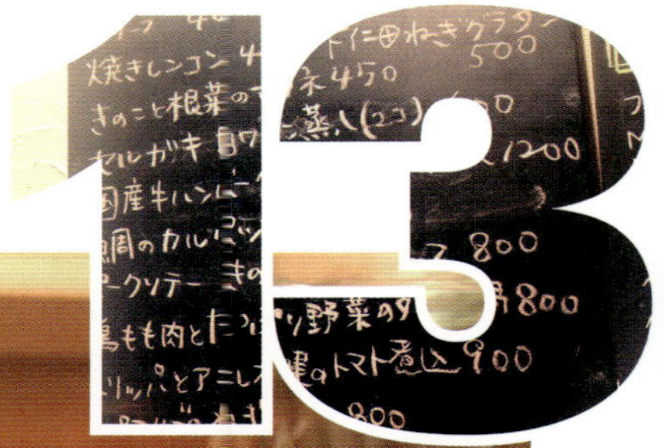

常連のにぎわいが絶えない店内。そのほがらかな空間をつくりあげている立役者が店主の中崎みどりさん。皆が彼女の名を口に出すとき、その表情がほころんでいるのが、なによりの証拠だ。自然派のワインを中心に70種類取りそろえ、グラスワインはそのなかから数種類を日替わりで提供。とくにビオワインは一口飲めば、滋味がやんわりと体に伝わり、デリケートなバランスをもつ純粋な果実味が味覚と嗅覚を刺激してくれる。まさに、ワインを飲む喜びを与えてくれるワインなのだ。

自家製のピクルスを添えた、パテ・ド・カンパーニュ900円はワインのお供に欠かせない。ビオワインは、グラスで700円〜、ボトルで3500円〜。

京都市中京区木屋町通四条上ル13番路地北側2F
080-6221-3636
営業時間／18：00〜翌2：00
定休／水曜

13 BAR Sand

アレンジ自在の美酒空間

トルコの洞窟ホテルのような空間に、特徴的で美しいグラスがきらきらと輝く。異国情緒ただようこの小箱は「BAR tombo」の姉妹店。談笑ににぎわう人々の心をつかむのは、ホテル出身のバーテンドレスが作るこだわりのカクテル。丸二日かけて作られるジンジャーシロップを使った自家製モスコミュールは看板メニューだ。100年前の製法で造る岩手県の本格地ビールもオススメ。遊び心あふれる空間とお酒に酔いしれたい。

京都市中京区木屋町通四条上ル13番路地北側
075-241-0920
営業時間／20：00～翌2：00
定休／日曜

人気のモスコミュール1000円は、はじめて来店した人にオススメ。ビール党なら、本格地ビール1000円にも手をつけてみよう。

かわいいだけじゃない先斗町のゆるキャラ？

先斗町 10 番路地

かたち／まっすぐ
全長／25歩
幅／98cm
（魚なら大物サイズ）

先斗町 15 番路地

かたち／まっすぐ
全長／67歩
幅／1m63cm
（黒木瞳の身長と同じ）

先斗町のあちこちに、ぽってりした千鳥の描かれた提灯が目に留まるはずだ。この千鳥が先斗町の顔になったのは明治時代。鴨川をどりの創設がきっかけでつくられた。現在ではサギやカモをよく目にするが、当時はチドリ科の鳥が多かったのだろう。しかし先斗町の千鳥、少し丸すぎる。じつは彼らの愛称は、よたよた千鳥。なるほどお酒に酔って千鳥足というわけか。お腹の丸みは幸せの証だ。そんなよたよた千鳥たちが、千鳥足、いや千鳥羽でナビゲートする路地の入口。「通り抜けできます」「通り抜けできまへん」の案内板を背に、中へ進んでみよう。変わった形の看板、風情ある照明など、興味深いものが発見できるはずだ。今回はそのなかのひとつ、15番路地の中ほどにある「十五大明神（そごだいみょう

先斗町18番路地

かたち／まっすぐ
全長／23歩
幅／1m10cm
(5才の男の子の身長ぐらい)

先斗町20番路地

かたち／まっすぐ
全長／31歩
(サイ歩と覚えよう)
幅／1m22cm

先斗町16番路地

かたち／まっすぐ
全長／65歩
(歩くとあっという間)
幅／1m48cm

じん）」について語りたい。昭和52（1977）年に起きた先斗町の大火災。町の下手で起きた火が、風で煽られ燃え広がり、止まったそこが15番路地の料理屋「ますだ」の手前だった。鎮火後、見ると店の前に置いてあった狸の置物がまっぷたつに割れていたのだそう。きっと狸が身代わりになってくれた、と感謝した女将がこの狸を祀ったのが十五大明神なのだ。お賽銭を入れると、狸の声がその人の運勢を教えてくれるユニークな仕掛けがあり、お社には芸者さんたちの千社札がびっしりと貼られ、その人気がうかがえる。ところが、ここ数年は故障中。でもせっかくなので立ち寄った際にはお参りをしよう。火難から身を守ってくれるかも。千鳥と狸、先斗町に縁のある生き物たちは、今日も花街をあたたかく見守っている。

先斗町 17番路地

かたち／まっすぐ（少しだけ石畳あり）
全長／60歩
幅／1m36cm

行くも戻るも至福なグルメ路地

木屋町通から15歩は、コンクリートが消えて石畳が敷き詰められている。一歩、二歩、三歩と、長い時間のなかで変わったり、逆に変わらずに残っていたりする足下のおもしろみを数えて進んでみるといい。と、17番路地に関する所感をまとめていたところ、ふと、この路地を行ったり来たりする人の多さに気づいた。なるほど。ウマいもんのお店がひしめくこの路地は、「何を食べようか」という悩みを抱えた大人たちを西へ東へと翻弄している。人々の重ねる歩数の多さにグルメ路地としてのポテンシャルを知るのであった。

異色コラボの
嬉しい味に舌鼓

トラットリ屋es―エス―

口コミが口コミを呼ぶ人気店の計算式は、トラットリア×焼鳥屋＝「トラットリ屋」という斬新な組み合わせ。カジュアルに見えて、手間暇かけた仕事が自慢のイタリアンだ。塩とタレが選べる焼き鳥は、ジューシーさにこだわった焼き加減が絶妙。豊富なメニューは、お腹ぺこぺこの団体客から二軒目使いのおひとり様まで、広く欲求をカバーしてくれる。旬のフルーツをたっぷり漬けたサングリアを飲み干せば、笑顔になること間違いなし。

人気のイタリアンパスタ、ボロネーゼ900円。夕食代わりはもちろん、小腹が空いたときにも、ちょうどよくお腹に入ってくれる。

京都市中京区先斗町通四条上ル西入17番路地南側
075-255-9599
営業時間／月・火・木・日曜17：00～23：00（LO）金・土曜17：00～翌2：00（LO）
定休／水曜

先斗町 21番路地

かたち／まっすぐ
(通り抜けできないので注意)
全長／42歩
幅／1m22cm

突き当たるもそこは名店揃いの路地

先斗町と木屋町を繋ぐ大小多数の路地。その路地の入口にかかる「通り抜けできます」や「通り抜けできまへん」の小さな看板。それにしてもこの「できまへん」という言葉。今の京都でもなかなか「〜へん」と聞かなくなったなか、グッとくるはんなりポイントだろう。そんな懐かしの京言葉に思いを馳せつつ、奥に進んでいけば、そこは大人たちの社交場。気軽に入れる店もあるので、気おくれせずに歩いていこう。また、21番路地は、先斗町側からの入口しかないので、通り抜けできない。注意しておこう。

21 はっすんば

心して向き合いたくなる和の精神

とっておきの日に訪れたいのがこちらのお店。創造的でありながら、あくまで貫き通すのは「和食」の心。付出しは、胃をあたたかく刺激してくれる椀もの。店名の由来でもある八寸には、日替わりで五種類の小鉢が並ぶ。食材は京都の旬の野菜と、店主自ら各地へ足を運び仕入れた、新鮮な地のもの。それに、蔵を回って選んだという日本酒・焼酎が華を添えてくれる。一見、敷居が高そうだが、そんなことはなく、気楽に「和食」を楽しめるお店なのだ。

京都市中京区先斗町通四条上ル西入
21番路地北側
075-212-5655
営業時間／17：30～24：00
不定休

番号路地 コラム

夜をかき分けた先にある等身大の花街時間。

先斗町 25番路地

かたち／かぎ型
（番号路地はまっすぐだけじゃない）
全長／ 73歩
幅／ 93cm

先斗町 24番路地

かたち／まっすぐ
全長／ 40歩
幅／ 1m22cm
（陸上競技場のレーンの幅と同じ）

「先斗町は敷居が高い」。そう感じる観光客は多い。京都育ちの地元民すら、そんな思いを抱いているのではないか。整然と並ぶ石畳、繊細な格子が並ぶお茶屋建築。たしかに先斗町はほかの街と違い、どこか緊張感が漂っている。実際に格式高い店があるのも事実だが、高嶺の花と通り過ぎるのはあまりに損をしている。路地の奥の奥、どんなグルメサイトにも載っていないような、安くておいしい、さらに楽しい、マニアックな店が数多く存在しているのだ。路地を知ることは深い海に潜ることと似ている。トプンと潜り、深部へ泳ぎ進めば、浅瀬には浮いてこないすばらしい宝物が光っているはず。勇気は少しだけでいい。必要なのはそこに踏み込む好奇心だけ。先斗町を意のままに泳ぐ魚は、張り巡らされた路地の奥にこそ秘密の居場所を隠している。

BAR

祇園番号路地

昼間のにぎやかな様子とはうってかわって
夜は、独特な空気に包まれる祇園。
とくに路地裏は、
近寄りがたい雰囲気に満ちている。
でもそこで、戸惑うことはあっても
躊躇してはいけない。
一歩踏み出す勇気の代価は、
確実に得られるのだから。

珈琲
花見小
Hanamik
KYOTO
あさぬま

祇園町14番路地

かたち／まっすぐ
（十四番小路の看板あり）
全長／35歩
幅／1m22cm

無秩序と調和の狭間で

川端四条から八坂神社へ通じる四条通のアーケードの北側に、細い路地がたくさんあることをご存知だろうか。路地の入口に看板があり、何番路地であるかを主張する路地もあれば、番号のわからない路地もある。ここ14番路地は、四条東大路から数えて5本目に位置する。四条通の喧騒を逃れて歩みを進めていくと、さまざまな飲食店の看板が来訪者を迎えてくれる。妖艶な色を放つカフェバーの斜め向かいで、ミシュランの星をもつ割烹料理店がうやうやしく客人をもてなしている、そんな無秩序でありながら、なぜか統一感を感じるのが祇園クオリティだなと感心するのである。

Cheri

路地裏のカフェ&バー
夜には芸舞妓さんの姿も

北山で人気の「cafe Noinah」の姉妹店がこちら。モロッコをイメージしたという店内は壁一面が紫で、エキゾチックな世界を演出している。「Noinah」ゆずりの料理やケーキが楽しめるのも特徴のひとつで、なかでも自慢の一品が、生地からソースまで手作りのピザ1500円～。バーへと変身する夜の時間帯にでも楽しめるのも、うれしいかぎり。ケーキはテイクアウトも可能なので気軽に立ち寄れるのがうれしい。

京都市東山区祇園町北側279-3
075-525-2821
営業時間／12：00～翌2：00
定休／日曜

飾らない料理のなかに実力者の腕が光る

千ひろ

世界的にも注目を浴びる割烹料理店「千花」の兄弟店。実直なご主人の性格も反映してか、いたずらに食材をいじらず、厳選した素材の旨味を存分に引き出した料理がいただける。奇をてらわず、火加減や出汁加減を微細に調整した繊細な調理は、まさに京料理のお手本。掘りごたつのある個室席もあるが、できればカウンター席で、ご主人との会話や調理風景とともに料理を楽しみたい。昼夜ともに12000円、15000円、18000円（税サ別）のコースがある。

京都市東山区祇園町北側279-8
075-561-6790
営業時間／12：00～13：00（予約のみ）、17：00～20：30
定休／月曜

番号路地 コラム

路地めぐりの第四コーナー 祇園北側の難易度やいかに?

祇園にはふたつの側面がある。観光地としての明朗な面構えと、地元の人ですら近寄りがたい歓楽街としての裏の顔である。そして、そのふたつの顔は、四条通を境としておよそ南北に分けることができる。四条通以南は、花見小路、建仁寺や弥栄会館など有名観光スポットが点在し、一筋入れば紅殻格子の町家がズラリと並び、花街の風情を味わえる。しかし、一方の北側になると、雰囲気は一転。一筋入れば、風俗街に迷い込み、芸舞妓さんの姿に代わってスーツを着た強面の男たちが闊歩する。ズラリと並ぶのは名物ママがいそうなスナックで、躊躇すること請け合いだ。しかし、頭ごなしに北側の路地裏めぐりを否定するのはもったいない。実は気軽に行けるお店が多く、深夜遅くまで営業をしているので、知っていると役に立つ。それに、表と裏、祇園の両方の顔を見てこそ、真の路地裏探訪者といえるだろう。

祇園町16番路地

かたち／まっすぐ
全長／96歩
幅／1m30cm
（北側出口は99cm）

細い路地は数あれど

建物と建物がつくったトンネルのような入口を抜けると、人ひとりがやっとのことで通れる細い路地が待ち受けている。路地裏研究所の調べでは、歩数は96歩。路地の長さとしては、ミドルクラスといったところ。しかし、この16番路地の真価は出口付近で発揮される。というのも、路地がさらに細くなっていくのである。その窮屈さから、出口にたどり着いたときの開放感はまるで、この世に生を受けたときのよう。というのは記憶があるはずもなくでたらめなのだが、とにかく細い路地の醍醐味を味わえる。

隠れ家カフェ
ここに極まれり

bar and cafe forg

祇園界隈でひっそりと午後の時間を過ごしたいのなら、このお店にぜひ。店内にはヴィンテージの家具類が、存在を主張しない程度に置かれている。ほのかな暖色系の明かりと、座り心地抜群のチェアやソファーは、時間の経過を忘れさせてくれる。ドリンクに迷ったならば、コーヒーを頼むといい。カフェ・ドゥ・ガウディから仕入れたオリジナルブレンドの珈琲豆から作られる、ボディがしっかりとした濃厚なコーヒーは、時間の経過とともにその味を変化させ、忘れそうな時間の存在を思い出させてくれるのだから。

京都市東山区祇園町北側282-44
太田ビル1F
075-533-7707
営業時間／15：00～翌2：00
不定休

祇園町 19番路地

かたち／まっすぐ
全長／100歩
（キリ番いただきました）
幅／76cm

トンネルから入りトンネルから出ずる

四条通から路地の入口の左を見れば「ぎをん小路」という看板。上を見れば「ここは十九番路地です」という看板が。いったいどっちなの？ という、路地探究者の小さな悲鳴が聞こえてくるようだが、ここはそのどちらの名前も正しいということでどうだろうか。つまり、十九番路地（ぎをん小路）といった感じだ。路地は100歩という、きりのいい数字で踏破することができる。入口出口ともに、建物のなかを突っ切るように道が続いており、まるでトンネルのような空間ができあがっている。

19

山口大亭　東店

祇園大衆酒場の殿堂店

祇園という、敷居の高い店が多いエリアにありながら、だれでも入れる気楽で気軽な大衆酒場がこちら。実は創業してから40年以上も経つ、祇園の古株のお店なのだ。初代から受け継いだ味を守りつづけ、「変わらない」ということにこだわる。やさしくしみわたる家庭的な味つけながらも、野菜や魚などの素材は毎朝市場から厳選して仕入れた新鮮なものを使用。また、市場から直接仕入れるため、マグロの中落ちなども、驚きの安さで提供してくれる。祇園で一杯飲みたいけど……という人にはうってつけのお店だ。

京都市東山区祇園町北側286
075-561-4158
営業時間／17：30～23：00（LO22:30）
定休／日曜

路地裏の少年であれ。

わたしが路地に興味をもちはじめたのは、２００８年の盛夏だった。うだるような暑さのなか、アスファルトの地熱をもろにうけながら、京都中の路地を一本一本、歩きまわった。なにかに取り憑かれたかのように寝食を忘れ、傍からみれば狂ったように路地めぐりをしていた。恥ずかしながら、住人の方に怪しまれてお叱りを受けたこともある。

「路地」が京都の観光資源として注目を浴びはじめたのも、ちょうどその頃だと記憶している。数年で巷には路地裏のお店が急増、メディアが着目し、ものすごい浸透力で観光化されていったように思う。今や週末ともなれば、人気のある路地にはひっきりなしに人が訪れる。そんな光景を見ていると、路地は一過性のブームを超えて、幸せを味わう場所として深く根を張ったように思う。路地は本来、ある目的地へ行くための道であり「手段」であるが、路地そのものが「目的」となった、ともいえる。

なぜ、路地は人々を魅了するのだろう。これは路地裏研究所の永遠のテーマである。答えのない研究。それこそ、出口のない路地の中から抜け出すような。

しかし、人生のなかではじめて歩いた路地がヒントを与えてくれる。その路地とは、小学生の頃、通学路をはずれて歩いた田舎のあぜ道のことだ。読者のみなさんにも、多かれ少なかれ、そんな記憶がありはしないだろうか。マンションに囲まれた脇道か、はたまたドブの上を歩くような裏通りだったかもしれない。通学路という決められたルートをはずれ、人生ではじめて規則から飛び立つ楽しみを覚えた瞬間だ（その後、先生にこっぴどく怒られたが）。

路地は、わたしたちに問いかけてくる。

「毎日、同じ道を歩いていて楽しいかい？」

答えは、もちろん「ノー」だ。ときには、いつもの道をやめて、自分の知らない世界を冒険してみることの大切さを教えてくれる。

人生は正道だけではいかない。

路地裏を歩く勇気が必要なのだ。

路地裏研究所 所長

京都の路地裏図鑑

2013年3月10日　初版発行

発行所　株式会社コトコト
〒604-8116
京都市中京区高倉通蛸薬師上ル東側
和久屋町350　リビング高倉ビル5F

TEL　075-257-7322
FAX　075-257-7360
http://www.koto-koto.co.jp

発行人　中尾道也

企画・編集　路地裏研究所
光川貴浩（合同会社バンクトゥ）
松田寛志（合同会社バンクトゥ）
平山靖子（合同会社バンクトゥ）

デザイン　北尾 崇（HON DESIGN）
宮本 翼（株式会社京都リビングコーポレーション）

撮影　高橋恵理

取材・文　林 宏樹
東山 萌
平山靖子（合同会社バンクトゥ）
松田寛志（合同会社バンクトゥ）

地図制作　株式会社京都リビングコーポレーション

イラスト　マエダユウキ
平山靖子（合同会社バンクトゥ）

印刷　株式会社 流行発信

ISBN978-4-903822-64-8　C0026

参考文献
京都の大路小路ービジュアル・ワイド／出版　小学館／発行日　2003年6月
京都・観光文化検定試験ー公式テキストブック／出版　淡交社／発行日　2005年3月